女子鉄道員と日本近代

若林 宣
Wakabayashi Toru

青弓社

女子鉄道員と日本近代　目次

第2章　踏切番のイメージを数字で確かめる

第4章　バスの車掌、鉄軌道の車掌

第5章　女性車掌と社会の緊張関係　106

コラム　ソビエト連邦の女性鉄道員　126

第6章　アジア太平洋戦争期の国鉄と女性職員——新潟鉄道局を例に

装画――毎日新聞社提供
装丁――神田昇和

はじめに

本書は、いわゆる「女子鉄道員」、鉄軌道で働いていた女性について記すものである。男性ばかりの職場のように思われていた鉄道にも、近頃は駅や列車のなかに女性職員の姿を見かける機会が多くなった。とはいえ報道によれば、二〇一六年で職員中に女性が占める割合は一〇パーセントであり、JR東日本では二二年四月の時点で一八パーセントだという。[1]このように数字のうえではまだまだ男性労働者が多い分野である。それでも女性の数が増えているように感じられることは、とりもなおさず、かつての鉄道業が「男の職場」だったこと、すなわち男性の占める割合が圧倒的に大きい産業だったことを示している。

では、女性の姿は近年までまったく認められなかったのかといえば、そうではない。たとえ少数ではあっても、鉄道で働く女性は確かに存在してはいた。ただ、これまでの男性を中心とした社会が、その事実をあまり認めてこなかったのである。

では、いつごろ、どのようにして鉄道業に働く女性が登場したのか。そして、どのような労働条件のもとで働いていたのか。実はそのこと自体が茫洋とした過去の時間のなかに埋もれてしまって、すくい取ることが大変難しい。日本国有鉄道（国鉄）を例にとれば、その正史では、一九〇〇年（明治三十三年）六月十二日に採用した事務職十人を、女性職員の嚆矢としている。しかしながら、第2章でふれるように、それ以前のビジュアルイメージでも、鉄道で働く女性の姿を認めることができる。だとしたら、そこに認められる彼女たちは一体何者だったのか。

しかし先行研究では、この件に関する答えが乏しい。鉄道史では、技術史や経営史については分厚い蓄積があるが、女性労働者に関する研究はまだ少ないようだ。そのためもあってか、通史のなかでも、断片的な事実がいくつか言及されるにとどまっている。このため、女性の鉄道員についての認識は、一般には「戦時下に鉄道は女性を大量に動員した」というくらいが関の山だろう。

残念なのは、戦後刊行された社史の多くでも、女性の職員に関する記述が少ないことである。なかには、戦前期に戦争とは関係なく女性職員を採用していた事実がありながら、戦時下の女性動員についてだけふれている社史もある。また、経営と技術を中心に記述するばかりで、そこで働いていた労働者にはほとんど目を向けていない社史もある。

公文書も、多くを語らない。何より、国立公文書館に移管された国鉄関係の文書が少なすぎる。それでも鉄道院や鉄道省の定員を知るための資料はあるなど、官制についてはある程度つかめるのだが、駅や保線区、車掌区といった現場の状況がわからない。

しかし他方で、良質なルポルタージュはいくつかみることができる。たとえば村上信彦の『大正期の職業婦人』（ドメス出版、一九八三年）は、通時的・職業横断的に大正の働く女性の実態を巧みに描き出していて、バスや市電の車掌、駅員、列車清掃婦も取り上げている。ただし、同書は「職業婦人」の全体像を見渡すのに向いていて、そのため逆にいえば、個々の職業についての記述は、どうしても限られてしまう。

堀川恵子・小笠原信之『チンチン電車と女学生――1945年8月6日・ヒロシマ』（日本評論社、二〇〇五年）は当事者からの聞き取りを軸とした構成で、一九四三年（昭和十八年）に創設された広島電鉄家政女学校に学びながら車掌や運転士として乗務した女学生の生活や勤務内容、そして原爆の被爆体験を掘り起こしたものである。これは、一つの鉄道会社の状況を知るうえできわめて優れた記録である。ただその半面、扱う時期が太平洋戦争後半期に限られる。また扱う土地も限られるので、全国的な動向をつかむのには向いていないといえる。

そこで本書では、新聞資料を多く活用しながら、これまであまり注目されることがなかった鉄軌道の女性職員について大局的につかむことを試みる。

第1章「最初期の女性踏切番、平山つね」は、これまで歴史に書かれたことがない一人の女性について再発見しようとするものである。一八七九年（明治十二年）に、まだ二十代だった一人の踏切番の女性が、その事故死によって新聞紙面に名をとどめた。しかしその事実は、気にとめる人がほとんどいないままに時が過ぎ、今日に至っている。その女性がなぜ踏切番をしていたのか、どういう人たちが踏切番になったのかを明らかにしたい。

第2章「踏切番のイメージを数字で確かめる」は、踏切番を務めていた女性たちが置かれていた状況についてふれる。国鉄職員の男女比や賃金の多寡、また低く定められた職位について、数字を示しながら説明していく。

第3章「女性出札掛を取り巻く問題」は、主として官鉄（国鉄）の出札掛の女性採用について概括する。出札は金銭の収受をともない、一銭たりともおろそかにできない仕事だが、女性は職務の正確な遂行にとどまらず、旅客に対する応接の柔和さ、従順さをも期待されたことを明らかにする。

第4章「バスの車掌、鉄軌道の車掌」では、乗合自動車すなわちバスと市電での女性車掌の登場について述べる。自動車交通であるバスは鉄道とは異なる交通機関である。しかし、市電とは域内交通であるという共通性がある。車掌の仕事内容にも鉄道の車掌と共通する点があり、また歴史的なつながりも認められるので、本書で取り上げる。

第5章「女性車掌と社会の緊張関係」は、市電やバスの女性職員が直面した差別的な扱いを取り上げる。当時の女性職員は、職業婦人としてもてはやされた一方で、乗客が持ちかける無理難題や採用をめぐる男性労働者がおこなう差別的扱いにも取り巻かれていた。現在、たとえばＳＮＳ上でも、当時の女性車掌を花形の職業だったとする言説が散見されるが、実態は決してそのような甘いものではなかったことには留意すべきだろう。

それ以降の章では、戦時体制とその影響について記す。

第6章「アジア太平洋戦争期の国鉄と女性職員――新潟鉄道局を例に」は、新潟鉄道局に着目して、戦時下の国鉄女性職員に関わる動向を述べる。新潟鉄道局の管轄は、秋田・山形・新潟そして長野県北部の四県に限られるが、全国から漫然と事例を拾うよりも、地域を区切ったほうが時系列に沿った記述が容易だと考えた。

第7章「戦時下の女性乗務員の採用」は、戦時下の女性乗務員について述べる。取り上げるのは主として国鉄の車掌と、高速度運転をする私鉄電車の運転士である。従来、前者の採用については一九四四年（昭和十九年）に名古屋鉄道局が、そして後者の採用は同じ年の京成電鉄がその嚆矢であるといわれてきたが、本書は新聞資料などをもとにその定説を書き換える。また女性だけでなく、大戦末期には鉄道乗務員として小・中学生が動員されていた事実も明らかにしておきたい。

最後に第8章「敗戦から現代へ」では、大戦末期の勤務状況、戦後の大量解雇、そして現代の女性職員を取り巻く問題の一端についてふれる。

以上は、時系列よりも出来事を重視して章立てしたものである。それでも、わが国の鉄軌道で働いてきた女性職員のありようの変遷は捉えたつもりである。ただし、調査不足の点も多くあるかと思う。

なかば埋もれかけた事実を掘り起こしていくのは、困難な作業だった。と同時に、これほど重要なことが、なぜいままで日の目を見なかったのかという疑問も湧く。

残念なことに、これまでの日本鉄道史は男性の視点から男性を描くものだった。そこにいたはずの女性職員とそれにまつわる出来事は周縁部へと追いやられ、いわば物珍しさを感じさせる存在として扱われるにすぎなかったのである。本書は、そのような日本鉄道史に小さいながらも一つの風穴を開けたいと思う。

なお本書では、性別を記すにあたって、地の文では「女性」「男性」という語を用いた。かつては総称として「女子」「男子」が広く用いられていたが、それでは独立した人格の持ち主に対する呼び方としては不適当であるように筆者には感じられるからである。

注

（1）「鉄道１５０周年　鉄道業界で働く女性増加　今後も活躍の場　広がるか」「ＮＨＫ」二〇二二年十月十四日（https://www3.nhk.or.jp/news/html/20221014/k10013858851000.html）［二〇二三年三月二十九日アクセス］

第1章　最初期の女性踏切番、平山つね

1　女性従事員の事故死

わが国の鉄道創業から六年四カ月がたった一八七九年（明治十二年）二月十八日、「朝日新聞」紙上に、次のような記事が掲載された。

> 一昨日十六日午後一時梅田停車場より西京発の滊車が茨木村の手前なる山田川の踏切を通る時彼の旗振女が誤まつて倒れ折悪敷滊車に轢られ即死せしは浮雲事《あぶないこと》、、(1)

ここに出てくる「旗振女」は、女性の踏切番のことである。この記事は、一人の女性踏切番が誤って倒れて汽車にひかれて亡くなった、という事実を報じているだけで、その名前などはわからない。

他方で「大阪日報」は、このときの事故の様子を、被害者の名前も含めて次のようにこと細かく報じている。日付は「朝日新聞」掲載の記事と異なるものの、同じ事故についての報道と考えられる。近傍の、というより同じ踏切で二日続けて女性踏切番がひかれる事故が起きたのでないかぎりは。

過る十五日午後一時京阪通の瀛車六列車の分とかゞ茨木村第四十一号鉄道踏切の官宅辺へ至る頃ほひ府下島下郡坪井村平山伊助の妻つね（二十四年）はこの官宅に居て旗振りをなしゐるものなるが此時調度小児に乳を飲ませ居たりしに瀛車の来るに驚きて小児をば其処に措き矢庭に旗を取り上げて進で向ひの柵を〆め此方へ戻らんとする途中瀛車の迅速なるは諸君御承知の通りなればすでに目前に来りしにがお常は驚き遽てし故にやフト鉄線に蹶き足駄の顚ると諸共に身も其所に倒るるを見るや瀛関長は俄かに車を留めたれども走余の勢ひ最早間近くして其暇なく遂に瀛車に乗上げられ憐れやお常の体は全く三つに切断れ血に染れてが死したりける(2)

こちらの記事によれば、踏切番をしていた平山つねという女性が子どもに授乳していたところ、汽車が来たので慌てて手旗を取って線路を挟んで反対側にある遮断機を閉め、戻ろうとしたところで線路につまずいて倒れ、そこを汽車にひかれて命を落としたということになる。大変痛ましい事故である。

実はこの二つの記事の存在は、ある歴史的事実をその根底から揺るがすことになる。これまでは官設鉄道での最初の女子採用は一九〇〇年（明治三十三年）のことだとされてきた。しかし平山つねの事故死は、それから二十年もさかのぼる出来事なのである。

鉄道省の『日本鉄道史』は、「女子職員ノ嚆矢」として「三十三年六月十二日始メテ女子十名ヲ雇ニ採用シ三十九年九月十三日女子五名ヲ書記補トシタリ」(3)と記している。日本国有鉄道総裁室修史課も、ここに挙げた『日本鉄道史』をもとに、一九〇〇年（明治三十三年）を国鉄での女子職員採用の始まりとしている。[4]したがって国鉄の公刊年史もまた、『日本国有鉄道百年史 年表』で、一九〇〇年（明治三十三年）六月十二日の鉄道作業局による女子雇員十人の採用をもって女子職員のはじめとしている。[5]なお、このとき採用された女子職員の仕事は、鉄道作業局運輸部調査係で「運輸日報及び旅客、貨物発着表に関する調査をなしまた統計の一部を担任せり[6]」というものだった。

しかし、いま取り上げた事故を踏まえると、日本の鉄道創業から七年もたたないうちに、女性が踏切番として働いていたことになる。それならば、女性の鉄道従事員が登場した時期と最初の職種については、記録を書き換える必要があるのではないか。

実際のところはどうだったのか。本章では、平山つねという名の女性がなぜどのようにして踏切番の仕事をするようになったのかを明らかにし、続いて鉄道創業期の踏切番の職位とその変化をとらえる。それを通して、当時の鉄道での平山つねの位置について考える。

2　線路工の家族による踏切監視

まず、事故をめぐる事実関係を確認する。二月十九日付で鉄道局長・井上勝から工部卿・井上馨に宛てた、事故とそれにともなう運転遅延に関する報告書がある。そのうち、事故に関する部分を抜き出せば以下のとおりである。

本月十五日午後十二時四十分京都発下リ列車京坂間弐拾七哩五拾弐鎖坪井村踏切道ニ至ル頃同所官舎住平山

伊助妻ツネ［二十四年］通車合図之為メ走出時間ニ迫リ北側柵門相鎖尚南側柵門閉鎖之為メ既ニ接近セル列車之前ヲ横遮セントシテ蹶倒レ該瀛関車之為メ圧殺サレ左手右足断切面部摺疵腰部肋骨打砕キ即死致候(7)

事故の顚末は、『大阪日報』が報じたものとさほど変わらない。相違点は発生時刻の記述が詳細になって、新聞記事よりも二十分繰り上がったくらいである。鉄道当局の従事員についての詳しい情報は鉄道当局のほうが得ているると考えると、報告書と大きな相違がみられないことから、人物・年齢ともに『大阪日報』は正確に報道していたということができる。

では、「官舎住平山伊助妻ツネ」は何を意味しているのか。事故死した人物はつね（ツネ）である。なぜ、彼女が平山伊助の妻であることを書く必要があるのだろうか。

実は、鉄道に雇われていたのはつねではなく、夫の平山伊助なのである。したがって官舎住まいの主もまた、平山伊助だということになる。

先述した井上勝の報告書に続いて、八月二十日付でつねの死亡手当支給に関する届けがある。そのなかに、次のような記述がみられる。

平山伊助ナル者ハ定雇鉄条敷人足ニテ兼テ仝所番家に住居セシメ置其家族老幼ヲ除クノ外柵門ノ開閉及ヒ通車ノ合図等可致旨相達置候義ニ付前顕死亡手当支給候(8)

平山伊助は鉄道に雇われた鉄条敷人足、つまり線路工だった。そして鉄道寮は、彼を事故があった番屋に住まわせて、その家族に踏切番の仕事をさせていたわけである。つねは鉄道寮と直接の雇用関係にあったのではなく、雇用関係があった平山伊助の家族構成員として、踏切の番をしていたのである。

鉄道が従事員の家族に踏切番をさせるようになったのは、一八七七年（明治十年）のことだと思われる。同年度の鉄道経営をまとめた「工部省第三回年報」上に、「従来京神間線路ニ守線手ヲ配置シテ列車駛行ノ際危嶮ヲ予護セシモ費額節減ノ為メ之ヲ廃シ更ニ常傭鉄条敷夫ヲ以テ其用ニ充テ線路踏切道最要ノ地ニ七拾九個ノ哨堡ヲ設置シ之ニ人夫ヲ容レテ看守セシムル」(9)「従前線路へ布置セル守線手ヲ廃シ踏切道ノ傍ニ小舎ヲ設ケ布線人夫ヲ居住セシメテ之ニ代フ」(10)という記録がある。京都―神戸間鉄道では、このとき守線手による踏切の監視をとりやめて、かわりに線路工を踏切付近の小屋七十九カ所に住まわせ、踏切監視をさせるようになったというのである。なお、施行の具体的な日付は判然としないが、後者の記述が九月二十六日と十月一日の出来事に挟まれて記されていることから、この動きは九月下旬にあったものと推測できる。つねの夫である平山伊助も、そのようにして「踏切道ノ傍」に住まわせられた一人だった。

そしてこのとき、線路工本人だけでなく同居する線路工の家族にも、踏切の監視や遮断機の操作が命じられた。「其家族老幼ヲ除クノ外柵門ノ開閉及ヒ通車ノ合図等可致」と言いつけられていたのである。

京都―神戸間で「七拾九個ノ哨堡」というから、平山伊助のような妻帯者が住まわされていたケースはほかにもあっただろう。踏切の監視や遮断機の操作に従事していた家族は多数いたと思われる。

ところで、守線手による踏切監視を廃止して「常傭鉄条敷夫ヲ以テ其用ニ充テ」た理由は、「費額節減ノ為メ」であると記録に残っている。つまりコストカットのために、平山伊助やつねは坪井村踏切道の宿舎に住まわされたわけである。だとすればそこには、踏切監視の役目を守線手から常傭鉄条敷夫へと引き継ぐ際に、踏切番の地位の変化も起きていたことになるだろう。それは一体どのようなものだったのか。

3　創業初期の踏切番

踏切番の地位について述べる前に、まず今日ではあまり聞かない「守線手」という職種についてふれておきたい。

守線手の役割は、線路を巡回して、障害があればそれを除き、安全な列車通行を図ることだった。踏切を通過する列車と横断者を危険から守ることも守線手の仕事だった。つまり日本の鉄道創業時には、踏切を含め、線路とその周辺の安全確保は、この守線手が担っていたわけである。

明治政府が最初に建設した東京─横浜間鉄道は、一八七二年六月十二日（旧暦明治五年五月七日）に、品川─横浜間の仮開業で幕を開けた。当時大多数の人々は、動力を用いた速度が速い乗り物に不慣れだった。そのため、鉄道の開業に際しては、まず汽車に対する注意点を公衆に知らせる必要があった。仮開業に先立つ六月九日（旧暦五月四日）にそのための東京府布達が出されている。そこでは「万一瀛車発進中ニ線路遮行或ハ彷徨徘徊又ハ荷物落遺有之候テハ其者ノ損傷ノミナラス瀛車ノ障碍無数乗車ノ人命ニ関係イタシ候」と述べたうえで、人々に対して次のように求めている。

線上横切道〔踏切のこと：引用者注〕ニ瀛車近付ヲ見受候ハヽ、暫時待合通車後往来可致且連日数度通車往復ノ儀ニ候間老人小児其外共此旨篤ト相心得線路ハ勿論横切道辻々ニ致掲示置候制札ノ趣厚相守自他ノ危害不生様可致事(11)

汽車の走行中に線路を横切ることや、また線路上での彷徨ならびに荷物を落とすようなことがあれば、それは当人を傷つけるだけではなく、多数の乗客にとっても危険だから、踏切で汽車が近づくのを見たらしばらく待って通過したあとに渡ること、そして汽車は毎日数往復するから、それらのことをよく心得て、線路や踏切に掲げられた制札の趣旨を守り、自他に危害を生じさせないようにしなさい、と注意を促している。

このような布達が出されたことからも、不慣れからくる線路への立ち入りや踏切の無謀横断、ならびに障害物による事故の発生が、仮開業の前から当局者によって懸念されていたことがうかがえる。また一八七五年度（明治八年度）の「記録材料・工部省第一回年報」に、大阪―神戸間鉄道に関連して「銕路進行ノ迅疾ニシテ線路ニ近ツク時ハ忽チ危嶮ナルノ事情ニ疎キカ故良モスレハ被傷或ハ過誤ヲ来ス事亦尠シトセス」[12]と記してあることから、開業からしばらくたっても迂闊に線路に近づくことの危険性が一般の民衆に理解されず、そのために発生する死傷事故が鉄道当局にとって悩みの種だったことがうかがえる。

このように人々が鉄道に不慣れだったので、線路を巡回したり踏切に詰めたりして警戒にあたる職を置くことは、公衆と鉄道の双方の安全を確保するために欠かすことができなかった。その任にあたったのが、守線手だったのである。

なお、守線手が踏切の監視業務に従事していた事実は、一八七七年（明治十年）三月四日正午過ぎに東京の芝金杉浜町にあった踏切で起きた死亡事故の顚末からも明らかである。この事故は、二人の五等守線手が事前の相談で交代時間を決めておいたにもかかわらず、交代の守線手が遅刻をし、もう一人は、その交代者が来ないまま持ち場を離れて食事に行ってしまったため踏切に誰もいなくなり、そこに汽車がやってきて通行人を轢死させてしまったというものである。[13]

4　守線手の地位

では、初期の踏切に詰めていた守線手の職位や社会的地位は、どのようなものだったのだろうか。

鉄道創業期の労働者の編成について、「官営鉄道労働者の内部には初発から身分的差別的構造が存在していた(14)」と述べるのは西成田豊である。

西成田によれば、創業初期の守線手は、シグナルメンやポイントメンらとともに、鉄道寮雇いとされて官吏身分の取り扱いを受けていた。その一方で、運転技術を習得する見習いの立場にある火夫と駅務系統の雑務的重筋労働を担う駅夫は、ともに鉄道寮雇い外、鉄道労働者のなかの下層に位置づけられていた。ところが、一八七九年（明治十二年）から八二年（明治十五年）にかけておこなわれた鉄道寮の再編で守線手は雇から外され、駅夫と同じように傭にされてその地位を下げられた。その一方で機関方や一部の火夫、また官営鉄道工場で働く職工の小頭層などが地位を引き上げられて雇吏同様に取り扱われることになり、「〈雇員―傭人〉体制という、官営鉄道労働者の特徴的な編成形態＝身分的差別的構造は、その内部構成を大きく変えつつ(15)」確立されていくことになる。

つまり守線手は、鉄道の安全を確保するうえで欠かせない職種でありながら、創業から間もなくしてその地位を下げられてしまったわけである。では、どの程度まで下げられたのだろうか。

西成田は、一八七九年（明治十二年）の工部省の記録資料をもとに、「官営鉄道に入職した者はまず役夫（駅夫）として雑役的な重筋労働に従事し、そこで一定の勤続をつみ上位等級（監督労働者）に昇等したあと、はじめて守線手の最下位の等級に昇進するという構造が存在していた(16)」と述べ、守線手が、傭人として位置づけられはしたが、同時に、最下級の職種から昇進する際の一階梯でもあったことを示している。

一八八一年（明治十四年）、守線手は、「陸軍下士文官志願手続併附録」（四月四日達乙第十七号。なお府県宛てには同年四月十二日達甲第十二号）によって、満期を迎えた陸軍下士官の再就職先としても開かれた。その理由は「下士ハ在職中殊ニ薄給ナル上服役満期之後ハ直ニ郷里ニ放還シ毫モ所得無之加フルニ終身ノ生計ヲ可立時ニ当リ兵役ニ服スルヲ以テ将来ノ生計ヲ予想シ下士志願ノ者追々欠乏ニ属シ苦慮不少[17]」という陸軍側の都合によるものだった。下士志願者の減少[18]を食い止めるために海外の例[19]にならって、除隊後の生計を保障しようとしたのである。これに応じたのが工部省で、試験を経たうえで満期後の下士官を電信局吏員、官営鉄道の車長（のちの車掌）もしくは守線手、灯台の灯明番として採用することになった。

このことから守線手の社会的地位は、早期の段階で官吏には相当しなくなったものの、陸軍下士官の再就職先として、車掌や灯台守とおおむね同等の位置にあったといえる。

守線手を踏切監視から外した時期は、先述のように京都―神戸間鉄道では一八七七年（明治十年）のことだった。東京―横浜間鉄道で踏切への守線手配置が廃止された時期はつまびらかではない。八三年（明治十六年）八月三十一日付「朝野新聞」は、「京浜間鉄道の守線手は今度廃止せられ其人々は各停車場の取締役に充て更に守線人を雇番人と称することになりたりといふ[20]」と報じている。おそらく八〇年代には、守線手よりも地位が低い人々を踏切に配置したのだろう。

5　コスト削減のしわ寄せ

さて、鉄道創業間もないころの事故とその対策については、『日本国有鉄道百年史』第一巻に次のように記してある。

当時、鉄道局は京浜・京神間に頻発する投身・投石・置石あるいは信号機破壊などの列車運転妨害に苦慮し、沿道各村への諭達、妨害者告知人への賞与、妨害人の「新律綱領」による処罰などを行なったほか、京神間にあっては、明治十年度中に守線手の制度を改め「常備《ママ》鉄条敷人足」(軌道掛)に守線手の職務を兼務させ、線路の巡視を強化するとともに、線路・踏切道等の要地に七十九の官舎を設けてその宿舎とし、かれらの家族に踏切の開閉、列車に対する合図等を取り扱わせた。(21)

これを読むかぎりでは、鉄条敷人足の配置は、運転妨害への対策強化のためにおこなわれたようにみえる。しかし先に取り上げた資料にあるとおり、守線手は「費額節減ノ為メ」に廃止されたのであって、それに代えて「常備鉄条敷夫ヲ以テ其用ニ充テ」たのである。費額節減が必要であっても、踏切の監視そのものを廃止するわけにはいかなかったのだろう。そのため、同じ業務をより低賃金で職位が低い労働力でまかなったのである。巡視の強化策としてみるにはいささか無理がある。

さて、先にみたように守線手は、創業から間もない時点で官吏身分から傭に身分を下げられた。ただし傭のなかでは、比較的高い位置にあった。守線手を踏切監視業務から外し、常備鉄条敷夫に置き換えた理由が「費額節減ノ為メ」だったとすれば、その「常備鉄条敷夫」は、守線手よりも賃金が安く、身分職位が低かったことになる。常備鉄条敷夫の身分職位はどのくらいのものだったのだろうか。

時代は下がるが、一八九七年(明治三十年)の下層社会に関するルポルタージュに、「当今生徒の種類は土方、車夫、鉄道工夫の子弟多く赤貧者と認むるものは僅々四、五名に過ぎざれば(22)」という記述がある。これは東京のスラムに設けられたキリスト教系の慈善学校である愛隣学舎の通学生に関する記述で、当時の感覚として「赤貧」とまではいかないまでも、鉄道工夫(当然、線路工を含む)が、下層社会の構成者と見なされる地位にあったことを示している。言い換えれば日本の鉄道の発展は、こうした下層労働社会に支えられていたのである。

西成田豊の言葉を借りれば、踏切のかたわらに建てられた小舎は、「労働者の家族労働力の充用」を目的とする、「昼夜交替制が存在しなかったこの時期においてはそれは、無休と恒常的な夜勤をおしつけるための強制労働的な施設[23]」だった。鉄道は、踏切の安全を確保する重要性を認識しながら踏切監視をより低い職位の者にあたらせることにし、同時に無償もしくは低賃金での家族労働に期待したのである。それは、鉄条敷人足（線路工）の家族であることだけを理由に、女性を線路の仕事に縛り付けることでもあった。

平山つねは、そのように費用削減のしわ寄せを受けて働いていた（あるいは、働かされていた）人々のうちの一人だった。そして不運にも事故死したことで、女性の鉄道従事員として確認できる最初期の人物になってしまったのである。

注

（1）「朝日新聞」一八七九年二月十八日付
（2）「大阪日報」一八七九年二月十八日付
（3）鉄道大臣官房文書課編『日本鉄道史』中、鉄道省、一九二一年、九〇ページ
（4）日本国有鉄道総裁室修史課「修史のはなし 女子職員の採用」「国有鉄道」一九六四年六月号、交通協力会、三四ページ
（5）日本国有鉄道『日本国有鉄道百年史 年表』日本国有鉄道、一九七二年
（6）「女子の新職業」「東京朝日新聞」一九〇二年五月十八日付
（7）日本国有鉄道総裁室修史課編『工部省記録 鉄道之部』巻十五ノ二、日本国有鉄道、一九六五年、二九一ページ

（8）同書二九三ページ

（9）太政官「鉄道」「記録材料・工部省第三回年報」上、太政官、一八七七―七八年（国立公文書館所蔵）

（10）「鉄道 第三章 運輸事業及収支付表」、同資料

（11）太政官「東京横浜間鉄道横切道通行者心得」『太政類典・第二編・明治四年～明治十年・第百八十一巻・運漕七・陸運鉄道一』太政官、一八七一―七七年

（12）太政官「鉄道寮」「記録材料・工部省第一回年報二」太政官、一八七五―七六年（国立公文書館所蔵）

（13）太政官「鉄道守線手擅ニ監所ヲ離レ人ヲ危難ニ陥レシ者改定律例第百九十条ヲ援引擬断」『太政類典・第二編・明治四年～明治十年・第三百四十七巻・治罪一・刑事裁判所一』太政官、一八七一―七七年（国立公文書館所蔵）

（14）西成田豊「日本近代化と労資関係――官営鉄道労資関係の史的構造」、学術刊行専門委員会編「経済学研究」第三十号、一橋大学、一九八九年、一三八ページ

（15）同論文一四四ページ

（16）西成田豊「日本的労使関係の史的展開（上）――1870年代～1990年代」、一橋大学一橋学会一橋論叢編集所編「一橋論叢」一九九五年六月号、日本評論社、七四ページ

（17）「陸軍下士文官志願手続併附録」（JACAR〔アジア歴史資料センター〕Ref：C10072581600、「陸軍服役満期の下士工部省吏員へ採用の儀に付伺」、明治十四年従一月至六月稟議）

（18）遠藤芳信によれば、一八七八年（明治十一年）には千二百五十八人いた陸軍教導団の生徒入学者が、八三年（明治十六年）には四百五十四人にまで激減している（遠藤芳信「1900年前後における陸軍下士制度改革と教育観」、日本教育学会機関誌編集委員会編「教育学研究」第四十三巻第一号、日本教育学会、一九七六年、四八ページ）。なお、下士志願者が減少した理由について遠藤は、教育学の観点から、上等卒の設置（一八七七年〔明治十年〕）によって下士の地位と士気が低下したためとみている。

（19）前掲「陸軍服役満期の下士工部省吏員へ採用の儀に付伺」には、「欧洲各国ノ例ニ拠リ満期後警察官或ハ山林岩クハ鉄道監守人或ハ各省ノ書記等ニ採用致ノ外有之間敷被存候」とある。

（20）「朝野新聞」一八八三年八月三十一日付
（21）日本国有鉄道『日本国有鉄道百年史』第一巻、日本国有鉄道、一九六九年、七一〇ページ
（22）著者不詳「昨今の貧民窟――芝新網町の探査」、中川清編『明治東京下層生活誌』（岩波文庫）所収、岩波書店、一九九四年、一六九ページ
（23）前掲「日本近代化と労資関係」一四六ページ

第2章　踏切番のイメージを数字で確かめる

1　犠牲的な職業

前章では、鉄道創業期の、家族労働としての踏切番のありようを検証した。その後、踏切番は官鉄の一職種になるが、職掌規程などがいつどのように成立したのかは判然としないところが多い。

図1は、フランス人画家ジョルジュ・ビゴーが描いた踏切番の絵で、一八九九年（明治三十二年）に刊行された『LE TREIN DE TOKIO KOBÉ（東京・神戸間の鉄道）』に掲載されたものである。これは描きためたスケッチを石版画にしたものだというから、[1]実際にこのような光景をビゴーが見て、描き留めたものなのだろう。

およそ鉄道員らしからぬその姿格好からは、踏切番が、鉄道のなかにあっても疎外された地位に置かれていたことが伝わってくる。

しかし、疎外されながらも仕事で要求される水準には厳しいものがあった。二十世紀に入って間もなく編まれ

図1　ジョルジュ・ビゴー「踏切番」
（出典：芳賀徹／清水勲／酒井忠康／川本皓嗣編『明治の風俗』〔「ビゴー素描コレクション」第1巻〕、岩波書店、1989年、107ページ）

た美談集には、次のエピソードが記されている。

一九〇九年（明治四十二年）六月、高野鉄道難波芦原町五番踏切で番人をしていた雪は、遮断機を下ろした踏切内に入り込んだ幼児二人を助け出して自分は重傷を負った。このエピソードは、「己が尊い職務の威光を笠に冠つて、賄賂を貪り、財物を恐喝するが如き役人も少からざる世の中に、僅なる鉄道踏切番ながら身を忘れて、その職務に忠実なる奇特の婦人こそあれ」という語りで始め、警官や見舞いの人々に対して子どもたちの立ち入りを防げなかったと雪が詫びたことについて「己が重傷をも打忘れ、反て子供の無事なるを喜び居たりとは感ずべき至りにして、是ぞ身を殺して仁をなすものと謂ふべし[2]」と結んである。踏切番は、役人よりも清廉で職務に忠実であり、しかも文字どおり「身を殺して仁をなす」――自分の生命をなげうってでも人のために尽くす姿勢を示したと見なされなければ、このように顕彰されなかったのである。

女性の踏切番が線路内に入った人を助けようと

して命を落とすことは少なくはなく、新聞でしばしば報じられている。それらの報道からは、鉄道事業者や社会が踏切番に対し、自分の身の安全を確保したうえで業務にあたることよりも、責任感や犠牲的精神で仕事を遂行することを求めていたことがうかがえる。事実、あとで述べるように、彼女たちは犠牲になっていたというほかないほどの低賃金で働いていた。

一九二四年（大正十三年）六月九日に北陸本線富山駅付近で発生した事故では、勤続十五年の女性踏切番・稲尾さわ子[3]が線路に入り込んだ子どもを助け出して、自分は轢死してしまった。彼女は死後に富山県知事から表彰され[4]、また踏切番としては破格の昇進をして鉄道手（判任官待遇）になった[5]。当時の美談集はこの事故を取り上げていて、次のように記している。

> 人は各々其の職務に忠実でなければならない、殊に公務に携はるものは、生命を賭して其の責任を固守しなければならない、（略）こゝに語る稲尾さわ子は賤しき一個の踏切番人ではあつたが、その行為は正しく人生最高の勇士であり、義勇公に報じよと仰せられた先帝の聖旨を正しく踏み奉つた模範的国民である。[6]

ここでは、「生命を賭して其の責任を固守」という文言を比喩でなく、まさに体現すべき責務として語っている。しかも「賤しき一個の踏切番人ではあつたが」と、本来ならそのような責務にふさわしくないとにおわせる言葉を添えて。

死者は語らない。だから稲尾さわ子が子どもを汽車が驀進してくる線路から助け出そうとした瞬間に何を思ったかは、誰にもわからないはずである。にもかかわらず、「義勇公に報じ」と教育勅語まで持ち出して、稲尾さわ子の事故死は美談にされて体制に都合よく回収された。本来であれば、安全の確保や待遇の改善を求めることこそが死者に寄り添うものではなかっただろうか。だが貧しい者に対して、文字どおりの生命を賭したはたらきを要求する社会では、貧しい者の犠牲は美談化されて死者もまた体制に利用されたのである。

2　貧しく社会的地位が低いイメージ

二十余年を碑文谷の
踏切番とさげすまれ
風のあしたも雨の夜も
眠る暇なきはたらきの
むくいは飢をしのぐのみ
わずかに飢をしのぐのみ[7]

これは一九一八年（大正七年）、品川駅付近の踏切事故の責任を取って二人の踏切番が自殺するという事件が起きた、そのときに作られた「あゝ踏切番」という演歌の一節で、添田唖蟬坊によって歌われたものである。この歌から、当時の踏切番の社会的地位の低さ、仕事のつらさ、そしてそれに見合わない収入の低さが伝わってくる。

添田唖蟬坊の歌から十年ほどさかのぼった一九〇八年（明治四十一年）の「東京朝日新聞」は、無記名の、次のような聞き取り記事を掲載している。

汽車の煙、来ない内から途を止めると皆さん方の御迷惑、来てから周章てゝ〔遮断機を：引用者注〕降ろしたのでは間違がある、大変です取返しが付きません、其度毎に始末書を取られますから、これであなた気骨が折れます。（略）夏の日の長い時は、うつら〳〵眠くなりますし、雨が降つても戸外に出て旗を振らねばなりません。此から冬になると雪が積る、窓の硝子が吹雪に閉じ、寒いからとていぢけちや勤まりませんよ。折角暖まつたかと思ふと又風に吹き曝されます。（略）お手当と申してもお恥ずかしい、漸く飴を買つて舐《しやぶ》らせる位なものですよ。仕合に過失もなく、今年で丁度五年になりますが、つひぞ御褒美を頂いたこともございませんです。[8]

まさしく、歌に歌われたとおりの環境に踏切番は置かれていたわけである。しかも遮断機を下ろすタイミングが早ければ人を待たせ（おそらく罵声も飛んだだろう）、遅ければ大事故につながりかねないので、強い緊張を強いられる仕事だった。天候が悪くても屋外に立つ仕事は、健康にも悪影響を及ぼしただろう。しかもそれでいて低賃金で、まったく報われることが少ない仕事だった。

踏切番人の地位の低さは、通俗的な悲恋物語でも描かれた。次に示すのは、一九一〇年（明治四十三年）に出版された、ある悲恋物語のヒロインと父との会話である。


「私ほんとに悲しいわ。」

「悲しいつて、何が？。」

「田や畠が流失《なが》れずにゐたなら…………。」

「…………。」

「踏切番の娘々といはれて…………。」

「…………。」

「田や畠が流失れずに居たなら、百姓で暮して行けませうに…………。」[9]

このヒロインは「金鵄勲章の中尉様と、他人には笑はれ賤しめられる踏切番の自分とは、天と地とほど違ふ」[10]と考える。そのような描写からは、当時、社会が踏切番人を賤業視していたことがうかがえる。

本派本願寺が刊行した本に、「踏切番」と題した童話が収められている。「街はづれの小さな家に、貧しい母子が、二人きりの淋しい日暮しをしてゐました」という書き出しで始まるその童話は、母を踏切事故で失った女の子が小学校を卒業し、事故がなくなるようにという願いから踏切番を志願し、受け入れられるというストーリーであり、最後は次のように締めくくられる。

「けふも一日、たれ一人、あやまちを致しませぬやうに、どの列車も無事通過致しますやうに………」まことこめたる澄ちゃんの祈りに、道行く人も、汽車に乗つてゐる人も、どれ程多くのやすらぎを得たことでありませう。[11]

貧しさは、踏切番と切り離せないものだった。また、仕事が厳しければ厳しいほど美談化され、このように修養の材料として語られる側面もあった。実際、修養の材料として踏切番という仕事は、貧しさと仕事の厳しさに耐えることを奨励するために、まさに「うってつけ」だったのである。

3　どれだけの人がどのくらいの賃金で

では、どれだけの人数が踏切で働き、そして、どれほどの収入を得たのだろうか。この点についての資料は限られる。国有鉄道の統計年報も「職員表」、つまり職種ごとの人数が掲載されるようになるのは『明治四十一年度鉄道院統計図表』（鉄道院、一九一三年）以降であり、つまり一九〇六年（明治三十九年）から翌年にかけておこなわれた十七私鉄の鉄道国有化よりもあとのことである。したがって鉄道創業期については資料がない。また日中戦争勃発以降は詳細な職員表が掲載されなくなる。このため、統計年報から踏切番も含めた職種ごとの人数や待遇が追えるのはおおむね日露戦争以降から日中戦争の開始まで、ということになる。

この事実を踏まえたうえで筆者が参照できた最も古い一九〇八年度（明治四十一年度）の踏切番人員の人数と賃金を掲げると、表1のとおりである。なお、各管理局の境界をわかりやすく示すことは難しいが、当時の本州では、上野以北がおおむね東部管理局、東海道本線の新橋―米原間と信越本線の軽井沢―直江津―新潟間が中部管理局、東海道本線米原以西は四国を含めて西部管理局の管轄になる。

一見してわかるのは、本州と九州の、女性の数の多さである。このときの女性踏切番は、全体で男性の一・五倍になっている。とりわけ多いのは中部管理局で、このとき約六七パーセントを女性が占め、続いて西部管理局では六五パーセントが女性になっている。また米子出張所は鳥取―米子―松江間と境（現・境港）―米子間が開通しているが、そこでは二十八

人員合計（人）	支払賃金総額（円）	賃金月額平均（円）
1,012	9,930.65	9.81
1,524	6,096.80	4.00
2,536	16,027.45	6.32

表1　1908年度踏切番人員表

	東部	中部	西部	九州	北海道	鹿児島	米子	若松
男	302	199	293	82	126	8	1	1
女	303	396	547	194	45	12	27	0
計	605	595	840	276	171	20	28	1

※東部、中部、西部、九州、北海道はそれぞれ鉄道管理局、鹿児島と米子はともに出張所、若松は建設事務所である
※「支払賃金総額」は月額を示す
（出典：鉄道院『明治41年度鉄道院統計図表』〔鉄道院、1913年〕をもとに筆者作成）

表2　1908年度職員数と賃金月額平均

	男（人）	女（人）	賃金月額平均	
			男（円）	女（円）
勅任官	17	0	269.61	—
奏任官	426	0	108.29	—
判任官	6,910	5	35.65	17.40
雇員	21,796	210	17.37	11.08
傭人	58,678	1,726	14.56	4.25

（出典：同書をもとに筆者作成）

人中、一人を除いてほかは女性だった。踏切番を「女性の職場」と呼ぶことは難しいものの、人数のうえではかなり女性の比率が高かったことがわかる。

しかし賃金については男女間で逆転していて、支払われた月あたりの支払賃金総額は、男性が九千九百円を超えているのに対して女性は約六千百円と、男性の賃金の六一パーセントほどにすぎない。これを一人あたりで比較すれば、平均で男性は九円八十一銭、女性は四円と、半額以下になる。

また表2からは、女性全体が男性に対してきわめて低い賃金水準に置かれていたことがわかる。同時に傭人全体の平均と比べても、男女ともに踏切番の賃金は低く抑えられていたことが見て取れる。

男性とて一カ月あたり十円に満たない金額では、ほかに収入がなければ生活が困難だと思われるが、女性の賃金の低さはなお一層際立っている。このことは、国有鉄道が踏切の安全を確保するにあたって、それほどまでに安価な賃労働に依存してい

たことを示している。

4 男女比の歴史的推移

表3は、踏切番人員数の推移である。一九一二年度（大正元年度）から三五年度（昭和十年度）までを、地域ブロック（一九二〇年度〔大正九年度〕以前は鉄道管理局、鉄道省設置後は鉄道局）ごとにまとめた。官制改正による名称や局境の変更も複数回あったのですべての数値を単純に比較することはできないが（たとえばのちの東京鉄道局が鉄道院時代は東部と中部に分かれていたなど）、おおよその傾向は把握することができるだろう。

人数をみると全体として増加傾向にあり、それは新線開通や設備改良に歩調を合わせているものと思われる。ただし女性の男性に対する人数比をみると、一九一五年度（大正四年度）をピークとして以後は下がる傾向にある。女性の人数が減少傾向に移るのは二五年度（大正十四年度）以降で、記録が残っていない二七年度（昭和二年度）を境に、女性が男性より少なくなり男女比が逆転する。

局単位でみた場合、女性の減少と男性の増加によって比率が逆転したのは、名古屋鉄道局である。同局の踏切番の総数は大きく増減しないので、女性を男性に入れ替えていったものと考えられる。

東京鉄道局はもともと男性優位の職場だったが、男性の総数を増やしながら、次第に男女格差をさらに広げていった。

東京鉄道局や名古屋鉄道局と対照的に、女性が男性を数で上回り続けていたのは仙台鉄道局と門司鉄道局である。ただし長期的にみると、男性の採用に積極的になっていくのは他局と同様である。

仙台鉄道局は、一九三〇年代に入って女性の比率が下がり始めている。それでも、三五年度（昭和十年度）にいたってなお、女性は男性の二・二五倍だった。

門司鉄道局は、鉄道院の九州鉄道管理局以来、ときには男性の十倍を超える女性がいて、「女性の職場」という様相を呈していた。しかし一九二〇年代を通して男女数の差が縮まっていき、三五年度では二・四四倍まで比率が落ちている。

当時の国家にとっての重要幹線（たとえば東海道本線）が通っていた局（名古屋鉄道局）、また交通量が多かった局（東京鉄道局）がより積極的に男性を採用していたとみることができそうである。

なお、一九一七年（大正六年）の中部鉄道管理局「踏切道橋梁及隧道番人設置規程」によれば、踏切番人の設置基準は次のようなものだった。

第一条　停車場内及交通頻繁ナル踏切道竝長大ナル橋梁及隧道ニシテ警備ヲ要スルモノハ番人ヲ設置ス

第二条　番人ヲ設置スル踏切道ヲ分チテ左ノ二種トスル

　第一種　昼夜間断ナク警備ヲ要スルモノ

　第二種　一定時間内警備ヲ要スルモノ

第三条　第一種踏切番人ハ一箇所男女二人ヲ置キ昼夜交代勤務セシム但シ特別ノ事由アルトキハ二人以上ヲ置キ又ハ男子ノミヲ使用スルコトヲ得

第四条　第二種踏切番人ハ一箇所男子又ハ女子一人ヲ置ク但シ特別ノ事由アルトキハ二人以上ヲ置クコトヲ得(12)

第一種踏切は男女二人体制が基本で、場合によっては男性だけを置くことができ、第二種踏切では男女のいずれかを一人置くことになっていた。断定するには材料不足だが、交通量の増大とともに第一種踏切が増加し、そ

		1915年度	1916年度	1917年度	1918年度
東部	男	254	263	289	350
	女	572	534	532	539
中部	男	303	311	338	387
	女	387	381	380	381
西部	男	314	322	352	357
	女	657	667	684	703
九州	男	43	59	32	34
	女	309	334	351	349
北海道	男	145	153	149	151
	女	11	11	20	19
建設事務所	男	0	0	0	0
	女	2	6	5	2
人員合計（人）	男	1,059	1,108	1,160	1,279
	女	1,938	1,933	1,972	1,993
女性の対男性人数比		1.83	1.74	1.70	1.56
賃金月額合計（円）	男	14,425.16	15,331.00	18,670.66	23,871.60
	女	10,339.23	10,443.08	14,522.63	17,236.80
賃金月額平均（円）	男	13.62	13.84	16.10	18.66
	女	5.34	5.40	7.36	8.65

表3　大正から昭和初期の踏切番（→踏切看手）人員推移

		1912年度
東部	男	199
	女	446
中部	男	318
	女	456
西部	男	347
	女	640
九州	男	55
	女	265
北海道	男	149
	女	52
建設事務所	男	14
	女	2
人員合計（人）	男	1,082
	女	1,861
女性の対男性人数比		1.72
賃金月額合計（円）	男	13,363.74
	女	8,975.05
賃金月額平均（円）	男	12.35
	女	4.82

		1913年度	1914年度
東京	男	465	473
	女	719	760
神戸	男	428	401
	女	875	839
九州	男	54	50
	女	276	299
北海道	男	175	177
	女	34	36
建設事務所	男	8	0
	女	4	2
改良事務所	男	1	1
	女	0	0
人員合計（人）	男	1,131	1,102
	女	1,908	1,936
女性の対男性人数比		1.69	1.76
賃金月額合計（円）	男	14,176.80	14,710.16
	女	9,627.60	10,207.50
賃金月額平均（円）	男	12.53	13.35
	女	5.05	5.27

1924年度	1925年度	1926年度
684	701	757
275	269	261
203	214	237
313	284	275
405	421	471
595	607	589
120	120	129
514	500	495
91	100	87
320	319	330
169	179	174
6	5	14
0	4	0
1	0	0
2	2	2
0	1	0
1,674	1,741	1,857
2,024	1,985	1,964
1.21	1.14	1.06
71,056.10	74,646.70	81,036.90
42,935.70	43,245.90	43,763.90
42.45	42.88	43.64
21.21	21.79	22.28

		1919年度	1920年度	1921年度	1922年度	1923年度
東京	男	635	644	631	681	671
	女	272	285	282	277	229
名古屋	男	164	166	166	192	192
	女	344	354	257	316	327
神戸	男	329	341	351	368	379
	女	579	581	588	565	575
門司	男	71	76	85	115	124
	女	484	473	493	505	509
仙台	男	74	71	80	82	87
	女	296	300	301	300	311
札幌	男	151	152	157	165	163
	女	22	21	18	11	8
建設事務所	男	0	2	0	0	0
	女	1	1	1	5	3
改良事務所	男	0	0	0	0	2
	女	0	0	0	0	0
人員合計（人）	男	1,424	1,452	1,470	1,603	1,618
	女	1,998	2,015	1,940	1,979	1,962
女性の対男性人数比		1.40	1.39	1.32	1.23	1.21
賃金月額合計（円）	男	32,300.70	64,484.00	64,489.50	69,050.60	69,067.40
	女	23,472.10	46,904.00	44,171.80	44,053.60	41,434.20
賃金月額平均（円）	男	22.68	44.41	43.87	43.08	42.69
	女	11.75	23.28	22.77	22.26	21.12

1933年度	1934年度
982	1,031
169	162
284	288
156	142
648	821
520	499
151	177
475	442
118	120
299	298
178	173
9	10
0	0
0	0
1	0
0	0
2,362	2,610
1,623	1,553
0.69	0.60
117,389.17	127,970.42
39,487.08	37,227.17
49.70	49.03
24.33	23.97

		1928年度	1929年度	1930年度	1931年度	1932年度
東京	男	810	877	897	900	932
	女	229	201	196	191	187
名古屋	男	250	261	269	270	275
	女	259	249	234	221	188
大阪	男	609	661	666	573	591
	女	597	594	569	518	523
門司	男	157	171	165	151	151
	女	498	492	484	478	474
仙台	男	101	109	113	116	115
	女	352	354	351	330	317
札幌	男	174	181	179	180	176
	女	18	15	15	14	11
建設事務所	男	0	0	0	0	0
	女	4	0	0	0	0
改良事務所	男	2	2	2	0	2
	女	0	0	0	0	0
人員合計（人）	男	2,103	2,262	2,291	2,190	2,242
	女	1,957	1,905	1,849	1,752	1,700
女性の対男性人数比		0.93	0.84	0.81	0.80	0.76
賃金月額合計（円）	男	94,754.10	104,380.10	108,047.90	106,770.92	112,093.58
	女	44,496.00	43,780.50	43,166.40	41,574.33	41,536.58
賃金月額平均（円）	男	45.06	46.15	47.16	48.75	50.00
	女	22.74	22.98	23.35	23.73	24.43

1933年度	1934年度
982	1,031
169	162
284	288
156	142
648	821
520	499
151	177
475	442
118	120
299	298
178	173
9	10
0	0
0	0
1	0
0	0
2,362	2,610
1,623	1,553
0.69	0.60
117,389.17	127,970.42
39,487.08	37,227.17
49.70	49.03
24.33	23.97

		1935年度
東京	男	1,085
	女	138
名古屋	男	299
	女	127
大阪	男	708
	女	300
広島	男	205
	女	302
門司	男	138
	女	337
仙台	男	128
	女	288
札幌	男	173
	女	11
建設事務所	男	0
	女	0
改良事務所	男	0
	女	0
人員合計（人）	男	2,733
	女	1,503
女性の対男性人数比		0.55
賃金月額合計（円）	男	133,649.25
	女	36,623.17
賃金月額平均（円）	男	48.90
	女	22.74

		1928年度	1929年度	1930年度	1931年度	1932年度
東京	男	810	877	897	900	932
	女	229	201	196	191	187
名古屋	男	250	261	269	270	275
	女	259	249	234	221	188
大阪	男	609	661	666	573	591
	女	597	594	569	518	523
門司	男	157	171	165	151	151
	女	498	492	484	478	474
仙台	男	101	109	113	116	115
	女	352	354	351	330	317
札幌	男	174	181	179	180	176
	女	18	15	15	14	11
建設事務所	男	0	0	0	0	0
	女	4	0	0	0	0
改良事務所	男	2	2	2	0	2
	女	0	0	0	0	0
人員合計（人）	男	2,103	2,262	2,291	2,190	2,242
	女	1,957	1,905	1,849	1,752	1,700
女性の対男性人数比		0.93	0.84	0.81	0.80	0.76
賃金月額合計（円）	男	94,754.10	104,380.10	108,047.90	106,770.92	112,093.58
	女	44,496.00	43,780.50	43,166.40	41,574.33	41,536.58
賃金月額平均（円）	男	45.06	46.15	47.16	48.75	50.00
	女	22.74	22.98	23.35	23.73	24.43

※1921年度から名称が「踏切番」から「踏切看手」になる
※1927年度については、職別職員表の記載がないため不明である
(出典：『鉄道院統計図表』『鉄道院鉄道統計資料』〔いずれも鉄道院〕、『鉄道省鉄道統計資料』〔鉄道省〕をもとに筆者作成）

傭人（人）		平均年齢（歳）		既婚率（%）	
男	女	男	女	男	女
		34.1	25.4	77.8	20.4
	520		21.9		10.1
		27.5	25.5	53.2	19.7
2,135	1,715	37.6	37.1	82.9	92.2
1,546	419	31.4	40.7	64.2	69.5
7,578	307	36.6	29.3	86.1	39.9

れにともない男性の配置が増えていった可能性も考えられるだろう。

賃金は男女間で著しい格差がみられる。女性の賃金は多くの年度で男性の五〇パーセントに満たない。一九一〇年代前半は四〇パーセントほどだった。しかし、踏切での業務内容に男女間で大きな違いはないはずである。苦汗労働だったうえに、女性はさらに賃金面で大きな差別を受けていたのである。

なお北海道では、一見してわかるとおり、女性踏切番がきわめて少なかった。その理由は不明である。厳しい気候風土のためということも考えられるだろうが、いまのところ、判断するに足る材料がない。

5　待遇とその格差

踏切番を中心に、国鉄内部で女性従事員が受けていた待遇や男女間格差について、もう少しみておきたい。

一九三二年（昭和七年）十月十日現在の労務上の詳細な統計調査を、鉄道大臣官房現業調査課が実施している。そのなかから、いくつかのデータを抜き出して次にまとめてみた。

国鉄は、戦前期の官庁がどこもそうだったように、身分社会であり、下からみると、傭人、雇員、鉄道手、判任官、奏任官、勅任官という身分秩序が形づくられていた。最下層になる傭人は、ノン・エリートの出発点であると

表4　職種別にみた身分間の人員比較

	判任官（人）		鉄道手（判任官待遇）（人）		雇員（人）	
	男	女	男	女	男	女
事務員	5,646	6	117		6,028	1,949
電話掛						894
出札掛	163	3	34	4	3,518	216
踏切看手					94	
客車清掃手					36	
工場技工					1,630	4

（出典：鉄道大臣官房現業調査課編『昭和七年十月十日現在 労務統計 第五輯 年齢、配偶関係、教育程度』〔鉄道大臣官房現業調査課、1935年〕をもとに筆者作成）

同時に、未熟練労働の担い手であった。雇員は熟練労働や事務系の担い手であり、さらにその上に鉄道手が置かれた。この鉄道手というのは国鉄特有の身分である。現業従事員の人数が多いために、勤続年数が長いにもかかわらず定員の壁にはばまれて判任官に昇進できない者がいる、という矛盾を待遇面で改善しようとして置かれたものである。

判任官から上は官吏であり、文官任用令に基づいて任命される。奏任官と勅任官が高等官とされることはいうまでもないだろう。

表4は、その職種別に、各身分の人員を比較したものである。なお職種は、当時の国鉄で比較的女性の割合が高いものを選び出した。

判任官が圧倒的に多いのは事務員男性である。事務員女性は雇員が大多数だった。電話掛は女性だけが従事した職種だが、従事者の身分は雇員か傭人であり、鉄道手以上は一人もいない。既婚率の低さと平均年齢の若さからみて、電話掛は結婚を機に辞めていく人が大多数だったと推測できる。

一方、傭人が多数を占める職種は、踏切看手と客車清掃手である。女性の既婚率と平均年齢は、ほかの職種と比べて際立って高い。当時としては比較的高年齢の人々が業務に従事していたと考えられる。また高年齢の従事者が多いことは、国鉄内部での昇進の機会がきわめて乏しかったことも示しているだろう。

各職種に就いている者の学歴に着目する（表5）。事務員、電話掛、出札掛で多数を占めるのは、高等小学校卒である。ただし、なかには中等学校に

乙種中等学校卒		甲種中等学校中退・在学中		甲種中等学校卒		専門学校中退・在学中		専門学校卒		大学中退・在学中		大学卒	
男	女	男	女	男	女	男	女	男	女	男	女	男	女
970	186	634	67	4,150	1,157	299	7	1,985	20	113		786	
	109		52		289								
422	21	242	11	489	101	19		44		2		1	
52	20	31	1	22		2		1					
60		54		73		34		5		10			
354	31	86	3	144	7	5		11					

通った者もいる。それに対して踏切看手の女性でまず多いのは尋常小学校卒であり、尋常小学校中退、また無就学だった者もいる。客車清掃手、工場技工も、事務系統に比べて低学歴の比率が高い。「昭和初期とはようやく誰もが初等義務教育六年間を卒業し、その後、進学・就職と進路を分化させるようになった時代[13]」だが、踏切看手のなかには、尋常小学校さえ卒業できないまま職に就いている者も少なくなかった。後述する年齢分布の幅広さも勘案すると、初等義務教育を修了しないまま職に就くことも少なくなかった、昭和初期よりも前の世代が踏切看手に多く含まれていた結果だと考えることもできる。

賃金についても、あらためて比較してみよう（表6）。表6では、月給雇員以上は月額、日給雇員以下は日額で示している。踏切看手で雇員はきわめて少数であり、圧倒的に多かったのは傭人である（表4）。そのことを踏まえて表6をみれば、踏切看手の大多数を第一種傭人が占め、賃金は平均で男性が日額一円五十八銭、女性は七十八銭と、きわめて少額だったことがわかる。

踏切番などのような重筋労働ないし苦汗労働は、教育の機会に恵まれなかった人々の就労先としてその受け皿になりながら、組織での身分秩序の低位に位置づけられ、また賃金の水準もきわめて低く置かれていた。そうした状況のなかで、女性はさらに差別

表5　職種別学歴比較

	無就学		尋小中退		尋小卒		高小中退		高小卒		乙種中等学校中退・在学中	
	男	女	男	女	男	女	男	女	男	女	男	女
事務員	4		6		171	22	105	5	2,532	484	66	9
電話掛				1		93		37		807		26
出札掛			1		57	2	59		2,327	86	52	2
踏切看手	6	53	155	264	1,006	1,216	149	37	783	120	22	4
客車清掃手	10	47	317	61	514	259	104	15	653	37	28	
工場技工	47	11	396	25	3,437	133	1,123	15	3,523	80	82	6

※工場技工女子のうち尋常小学校中退を原資料では15人としているが、小計と合計値から25人の誤りと判断した
※単位は人
(出典：同書をもとに筆者作成)

的待遇を受けていたわけである。

6　年齢は幅広く

表7は、踏切看手の年齢層の分布を示したものである。対比のために、機関手へと至る職種の年齢層分布もあわせて示した。機関手に採用されるためには、傭人の庫内手からスタートし、庫内手→機関助手→機関手見習→機関手→判任官機関手とそれぞれの職種を階梯的に踏んでいかなければならなかった。このような職種は国鉄には多く、駅務ではたとえば、信号掛や操車掛に採用されるためには制動手や転轍手の実務経験が必要であり、制動手や転轍手になるためには連結手を経なければならなかった。そして連結手は駅手その他で連結手見習としての相応の経験がなければ採用されない規程になっていた。一見、制約が多いシステムと思えるが、見方を変えれば、昇職の機会がそれなりにあったということでもある。

しかしながら、表を一見してわかるのは、機関手へと至る昇職各段階と比べて、踏切看手の年齢が高いことと、高年齢層の層の厚さである。平均年齢は機関手（雇員）よりも三年四カ月高く、

日給雇員		第一種傭人		第三種傭人	
男	女	男	女	男	女
1.395	1.051				
1.337	1.067				
		1.583	0.777		
1.690		1.461	1.166		
	0.955		0.762		
2.511	1.840			1.947	1.096

機関手見習		機関手		
雇員	判任官	雇員	鉄道手	判任官
		6	7	11
		24	131	95
		196	335	217
1		618	253	258
6		1,396	45	259
79	1	2,459	10	263
194	2	1,175	2	31
26	3	40		
306	6	5,914	783	1,134
28.1	25.3	33.7	45.5	40.1

しかし身分は女性のすべてが、また男性も多くは傭人である。また年齢層も、踏切看手は庫内手→機関助手→機関手よりも広い層に分布している。いうまでもなくこれは後者が昇職と切り離せない職種だったからで、階層を上昇するにつれて年齢層も高くなるという偏りを示している。このことは逆にいえば、年齢層の偏りが比較的小さい踏切看手という仕事が、昇職や身分上昇の機会にきわめて乏しい職種だったことを示している。あるいは、比較的高い年齢層を傭人として吸収していた職種が踏切看手だった、ということもできるだろう。

これまでみてきたことを総合すれば、教育を受ける機会に著しく恵ま

表6　職種別賃金平均額

	判任官		鉄道手		月給雇員	
	男	女	男	女	男	女
事務員	86.784	68.150	75.564		56.509	54.036
出札掛	79.012	73.000	73.735	62.750	51.608	50.583
踏切看手					60.843	
客車清掃手						
電話掛						49.000
工場技工						

※判任官から月給雇員までは月額、日給雇員以下は日額であり、単位は円である
（出典：鉄道大臣官房現業調査課編『昭和七年十月十日現在 労務統計 第一輯 給料』〔鉄道大臣官房現業調査課、1935年〕をもとに筆者作成）

表7　踏切看手・庫内手―機関手年齢層別人員表

	踏切看手・男		踏切看手・女		庫内手	機関助手		
	傭人	雇員	傭人	雇員	傭人	雇員	鉄道手	判任官
60～	4	2	1					
55～59	57	4	13			2		
50～54	205	31	96			3	1	
45～49	296	27	201			9	1	
40～44	342	22	333			26	1	
35～39	337	5	382			221		
30～34	330	3	385		10	1,673		
25～29	317		239		530	3,948		1
20～24	228		62		2,512	1,273		
～19	19		3		665	15		
計（人）	2,135	94	1,715	0	3,717	7,170	3	1
平均年齢（歳）	37.2	47.5	37.1	-	21.7	27.6	47.0	26.0

※原資料では、機関助手につき58歳の項で傭人が1人計上されているが、合計人数と合致しないので誤記と思われる
※原資料では、機関手見習の判任官につき、その合計を8人としているが、年齢別の欄に見当たらないので、本表では6人とした
（出典：前掲『昭和七年十月十日現在 労務統計 第五輯 年齢、配偶関係、教育程度』をもとに筆者作成）

れなかった人たちが部内で上昇の機会にも恵まれず、著しい低賃金で従事していたのが踏切看手という職種だったということができる。その職種には男性に拮抗するだけの数の女性が働いていた。しかし、彼女たちの賃金はただでさえ安いのに、女性だからという理由でさらに低賃金にされていたのだった。

しかし、鉄道事業者はその問題について真剣に考えなかったようである。それどころか、低賃金であることを美点と見なす姿勢までみせた。その一端を、アジア太平洋戦争のさなかに発行された東京急行電鉄（現・東急）のパンフレットに見いだすことができる。そこに記されているのは、「郵便の集配人でも、鉄道の旗振りでも、今日の時勢に於て、あんな薄給で働いて居るのは職業を通じて国家に対する御奉公をしてゐると云ふ自負があるからであります[14]」という言葉である。「あんな薄給」で働かせてきた鉄道事業者自身が、「薄給」での労働は労働者自身の内発的動機に基づいた行為だといってのけたのである。

7　詩人が涙した踏切番

次に掲げるのは、千家元麿の詩「踏切番の子供」である。

或日踏切へ来ると
目の前に白い柵がギイと下ろされた
柵を下ろした踏切番は女で赤ん坊を背負つて居た
汽車は夕闇の中を進行して来た
と母の背中へ結へられた子供は

写真1　遮断杆を上げる御殿場線の女性踏切警手（1948年）（提供：朝日新聞社）
東海道線国府津駅と沼津駅を御殿場経由で結ぶ旧国鉄御殿場線（旧東海道線）の山の中にある第一小山踏切は小山駅の東で線路を横切る東海道の裏街道、矢倉沢往還の第2種踏切道。午後9時から午前7時までは無人になる

　母の肩を叩いて勢よくはね上つて喜んだ
　自分は涙ぐんで見て居た[15]

ヒューマニストの詩人がこのとき見ていたのは、母の肩を叩きながら「はね上つて喜んだ」子どもだけではない。母の様子は、子どもとは対照的に、描かれないことで表されている。生の喜びをあらわにする子どもに焦点を合わせることで、千家は母と子のコントラストを表現した。母親はおそらく、生気に乏しい無表情な様子だったのだろう。あるいはそこに、生活の疲れがにじんでいたかもしれない。

　詩人が見かけたこの踏切番の女性も、おそらくは教育を受ける機会に恵まれないまま、誰かの配偶者になって子を産み、そして鉄道のなかの低い地位に身を置いて、安い賃金で働いていたにちがいないのである。女性の従事者も多かった踏切番は、鉄道のなかでも危険な仕事でありながら、報われるところがきわめて少ない職種だったのである。

注

(1)芳賀徹/清水勲/酒井忠康/川本皓嗣編『明治の風俗』(「ビゴー素描コレクション」第一巻)、岩波書店、一九八九年、一〇七ページ

(2)島内登志衛「感ずべき女の踏切番」『善行大鑑——現代美談』六盟館、一九一〇年、三一五—三一六ページ

(3)「女踏切番殉職す」(「東京朝日新聞」一九二四年六月十一日付)は「稲尾わさ」の名で報じている。ここでは藤木猶太編『現代美談集 心の花籠』(家庭之友社、一九二六年)に従い「稲尾さわ子」とした。

(4)前掲「女踏切番殉職す」

(5)「女踏切番が破格昇進」「東京朝日新聞」一九二四年六月十四日付。なお同記事では、「井尾さわ」の名で報じている。報道で氏名がぶれていることからも、女性踏切番が軽んじられていた様子がうかがえる。

(6)藤木猶太編「鉄路を彩る鮮血——婦人踏切番の殉職事件」、前掲『現代美談集 心の花籠』一五五ページ

(7)添田知道『流行り唄五十年——啞蟬坊は歌う』(朝日文化手帖)、朝日新聞社、一九五五年、一五三—一五四ページ

(8)無記名「番人物語(続)踏切番」「東京朝日新聞」一九〇八年十二月七日付

(9)小笠原白也『見果てぬ夢』青木嵩山堂、一九一〇年、三〇ページ

(10)同書一六八ページ

(11)藤範晃誠『聖話 あふるるめぐみ』本派本願寺学務部、一九二三年、二二三ページ

(12)中部鉄道管理局編『規程類抄——加除式』鉄道共攻会、一九一七年、二五—二六ページ

(13)吉田文「非エリートの学歴と職業 昭和初期における初等教育後の進路分化」、吉田文/広田照幸編『職業と選抜の歴史社会学——国鉄と社会諸階層』所収、世織書房、二〇〇四年、三一ページ

(14)東京急行電鉄『決戦下の陸上輸送対策』(調査資料第七輯)、東京急行電鉄、一九四三年、一〇ページ

(15)千家元麿「踏切番の子供」『詩集 新生の悦び』芸術社、一九二一年、二一—二二ページ

第3章　女性出札掛を取り巻く問題

1　「親切」を求めて女性職員を

日本で出札に女性を用いることを最初に考えたのは、どうやら現在の東北本線や常磐線を建設した日本鉄道らしい。一八九九年（明治三十二年）の新聞に、次の記事をみることができる。

官私設鉄道の別なく乗車切符発売に際し乗客の感情を害すること往々ありは監督者の注意足らざるに由るも亦一には男子をして斯る単一無造作の業務に従はしむるより自然粗暴不親切を見るに至りしならんとの考へより日鉄運輸課長は上野駅に限り試みの為め切符発売掛に女子を用ひんとて目下其研究中なるが（略）独逸にては既に数年前より女子を使用して好成績を得たる先例あり日鉄の結果に依り外官私設共女子を用ふるに至らんか(1)

これによれば、女性を採用しようとした動機は、乗車券を求める旅客の感情を害さずにすませることだった。冒頭に「官私設鉄道の別なく」とあるから、乗車券発売の際に乗客ともめごとになることは、官鉄であると私鉄であるとを問わず、一般的にみられた光景だったのだろう。その対策として、女性に出札を担当させることが考え出されたというわけである。

もちろん現実には、女性であればそのような「斯る単一無造作の業務」――単純労働に近い働き方に適しているというわけでは決してない。同じように、男性であるから「自然粗暴不親切を見るに至」るとする見方も、正しくはないはずである。

ではなぜ「粗暴不親切」になったのだろうか。

この時期、日本の鉄道は産業革命の進展によって、大量輸送機関としての地位を獲得しつつあった。官設だけでなく、幹線も含めて日本各地に多くの私鉄が設立されて開通し、しかもそれらの鉄道が相互に連絡輸送を始めていた。そのため、駅の出札口では多数の客を相手にさまざまな行き先の乗車券を手際よく発売しなければならない状態になっていたことは容易に想像できる。もちろん、釣り銭の計算に誤りがあってはならない。繁忙を極める窓口では、ちょっとした行き違いからトラブルが起こることもあっただろう。また、客のほうが挑発的な態度を取ることもあったかもしれない。

これから十二年後の一九一一年（明治四十四年）に門司駅出札掛になった人物は、のちに往時を回想して次のように書いている。

金網の口に来るお客さんの中には静かな優しい人もある。中にはせつかちで意地悪で威張る人もある。前者に向つては「有り難う」とお礼を云ふ。後者に向つては売言葉に買言葉だ。剰銭をほうり出してやる。銀貨や銅貨で窓口の板を叩く奴がある。何も人を呼ぶのに板を叩かなくてもよい。（略）そんな奴が来ると、わざと大きな声で『何の用ですか。』と、高飛車に出てやる。そこで先方が折れて『何駅行の切符を下さい。』と来る。

しかしそうおとなしく出て来る奴はまだいゝ。どうかすると喧嘩腰になる奴がある。そこでいがみ合ひが始まる。(2)

問題は、乗車券を売る側にだけあるのではなかった。先ほどの新聞記事から言葉を借りれば、乗車券を買い求める客もまた、しばしば「粗暴不親切」だったのである。だとすれば、これは出札掛を女性に置き換えるだけで解決する問題ではなかったはずである。それにもかかわらず感情の表出を管理される労働者として、アーリー・ラッセル・ホックシールドがいう「感情労働」(3)の担い手として、出札掛を務めるよう期待されたのが女性だった。

2　官鉄、事務員と出札掛に女性を採用する

日本鉄道による出札に女性を起用する計画は、実現することなく終わったようである。その後、官設鉄道は一九〇〇年（明治三十三年）六月十二日に「始メテ女子十名を雇ニ採用」(4)した。これが官鉄で事務職に女性を採用した最初の例とされるもので、業務は「運輸日報及び旅客、貨物発着表に関する調査をなし又統計の一部」(5)を担当した。このときは客の前に姿を現さない職種だったわけである。

官鉄の出札掛に女性が採用されたのは一九〇三年（明治三十六年）十一月、新橋駅でのことである。一年後の

〇四年十月には「新愛知」が「既に名古屋駅にても試験の上出札係に二名の女子を採用して右の両名は毎に名古屋駅に出勤して出札事務を取扱居れり」(6)と報じている。このころから、主要駅で女性が少人数ずつ採用され、出札業務にあたるようになっていった様子がうかがえる。

当時の採用事情について、一九〇五年(明治三十八年)の新聞は、次のように報じている。

多少教育ある女子職業の途近来漸く開け銀行会社等の一部、鉄道作業局、運輸課及び郵便局監理課等に算用しつゝあるが鉄道作業局にては一昨日より昨日に掛け之が採用試験を執行しつゝあり雇員には調査係と出札係との二種あり甲は尋常小学の卒業生、乙は高等小学の卒業生と同等若くは夫れ以上の学力ある女子にして十六歳より二十五歳までの者を採用の筈(略)府立高等女学校の三年級以上の者は何も無試験にて採用し居れり(7)

このころはまだ、尋常小学校を修了した者が「多少教育ある」者として捉えられていた時代だった。修業年限四カ年として計算すると、この年の卒業生が入学したのは一九〇二年(明治三十五年)のことだろう。この年は、学齢に達した女子の就学率は九〇パーセントに満たなかった。中途退学者もいるので、修了できた者の割合は、就学率よりもさらに低くなる。だがこの時期は同時に、就学率が急速に向上していった時期でもある。〇四年(明治三十七年)には、男女ともに就学率は九〇パーセントを超える。増加する義務教育課程を修了した者の就職先として、鉄道の出札や計算事務が開かれつつあったのである。

義務教育課程を修了した女性を採用することには、事業者にとって好都合な面もあった。彼女たちは学校で修身の授業を受けていたからである。

婦徳といへば、其の中には、色々の事を含み居るが、（略）
第二に大切なるは、温和といふ事なり。温和とは、やさしく、おだやかなる事なり。妄に喧嘩口論などして、荒々しき事するは、甚よろしからず。女はどこまでも、やさしく、おだやかなるをよしとす。(8)

これは、尋常小学校の『修身口授書』にある一文だ。このように性格的な面で男性との差別化を図ろうとする教育を受けた人々を、鉄道は採用することができた。接客時のもめごとを避けたい雇用者としては、労働者の感情を管理するうえで、「やさしく、おだやかなる」女性を作り出す「修身」の存在は、好都合だったにちがいない。

3　従順な客応対を求められた女性出札掛

車を牽く婦人を見懸ける事がありましょう、同時に歌を謡ふ人や料理をする人、裁縫をする人などに就て熟々《よくよく》注意をして見たならば茲に非常な面白い理窟を発見する事が出来るだらうかと思はれるのです、田舎へ行けば田畑を耕やし耘《くさ》ぎるのに男と同様に女が働いて居るではありませんか、土車の後を押す人も見受ける事があるとすれば労働乃至力業でも婦人に出来ないと云ふ事はないのです、（略）人は或は男女両性の先天的の差であると云つて居る、即ち女性は弱《ウヰーク》である、何事をなしても男子に及ぶ事はないと論じて居て多くの人が亦此説に首肯して居る様であるのです、併《しか》し乍ら著者は是に対して大に異論があります、(9)

このように書いたのは、のちに松竹新派の座付き作家になる落合浪雄だった。しかしその落合をしてもなお、続く文章で次のように書くのが、二十世紀初頭の日本社会の状況だった。

> 婦人の性質が特に男子と差異ある所を列挙するに
> 一、温順親切なる事
> 二、綿密丁寧なる事
> 三、美的感情に富む事(10)

このように述べたうえで、落合は、この第二の特徴を生かせる職業として「緻密を要する事務、同様の製作品、金銭物品の収支計算の事務等」を挙げたのである。もっとも、落合は鉄道に関わる職種は紹介していない。しかし、従順さと緻密さは女性の特徴だとその後も長く主張され、鉄道の採用にも影響を及ぼしている。

一九〇五年（明治三十八年）に出版された『女子の新職業』は、「女子事務員の長所」の一つとしてやはり「細務に堪ゆる事」を挙げている。「女子になると一々丁寧に、綿密に、事務に従事するといふので、何れの官庁にても、頭脳を要さない些末な、事務は女子に限ると申して居ります」(11)と、褒めているというより貶めているような言い方で、女性の事務職を称揚している。そのうえで、鉄道作業局の出札掛について次のように記している。

> 新橋停車場《ステーション》といへば、我国では、大阪の梅田停車場と共に、最も規模の大きい停車場でありますが、日に幾千といふ乗客に応接してゐる出札掛が女子職業の一つになツたのは、寔に喜ぶべきではありませんか、之は女子は、客の応接が柔順で、丁寧であるからで、記者の如きも、已前は屢々此の出札掛の横柄なのに出会《でツくは》し、不快を覚えた一人でありますが、今度は女子に改まツたので、聊か溜飲が下りました、なほ私は、私設鉄道の上にも、出札掛に女子を用ゐんことを望む。(12)

ここでも、客応対にあたって、従順であることが求められていたことがわかる。しかし、出札掛の横柄さが問題だったのであれば、男性職員が態度に気をつければそれで十分だったはずだ。

しかし、女性のほうが穏やかで客と衝突しないだろうという見方が当時の社会通念としてかなり一般的なものだった。そのことは、松崎天民のルポからもうかがえる。

新橋、品川、横浜、静岡、名古屋、京都、大阪、神戸の各駅に、女の出札係が出来たのは、明治三十六年十一月以来の事。夫れまでは男の出札係のみで、随分乗客と口論をする、態度が生意気だとか剰銭《つりせん》を投げ出したとか、（略）小面倒な事故が毎日二つ三つあつた。鉄道庁もこれでは困る、客商売は反つて女の方が優しくて宜いかも知れぬ。現に調査係の方には、多くの女を使つて成績が好い折柄とて、婦人を出札係に採用する議が持上り、（略）遂に女の出札係がお目通する事になつた。(13)

4　女性出札掛の就労条件

当時の女性職員はどのような就労条件のもとで働いていたのだろうか。『女子の新職業』によれば次のとおりである。

出札掛は、朝の八時に出勤して、終列車まで職務を執り、それから、その晩は宿直、翌日の第一番――午前五時十分の横須賀行を出札して、さうして此処に初めて他の女子事務員と交替するので、普通の女子職業と

写真2　東京駅の出札口で働く日本髪の女性（1922年）（提供：毎日新聞社）

は、聊か趣を異にして居るが、その日はそれで帰宅され得るのですから、翌日の午前八時迄は身体が気楽であるといふので、喜んで居る人もあり。但しその代り日曜とか、祭日等の休日はありません。[14]

ほぼ一昼夜を通して、一日交替で勤務していたわけである。この体制は男女の間に違いはなく、しかも第二次世界大戦敗戦のしばらくあとまで、ほとんど変わらなかった。「普通の女子職業とは、聊か趣を異にして居る」とあるから、当時としても異例の勤務体制だったのだろう。

賃金はどうだろうか。『女子の新職業』は「他に比較すると、少しく低いやうです[15]」として、一日三十銭、一カ月十五日勤務で四円五十銭という数字を挙げている。長時間勤務で多数の旅客に応対し、売り上げに誤りがあってはいけない仕事のわりには、報われるところが少ない仕事だったようだ。

松崎天民のルポは、新橋駅の女性出札は二十人までと規定されていて現に十六人が勤務していると伝えている。「八名づゝの交代勤務で、朝七時から翌日の朝七時まで（略）夜半一時過ぎから五時までがホンの睡眠時間（略）金銭の取扱ひは、一厘違つても自分の責任になる事とて、人知れぬ気苦労もあると云ふ[16]」と、二十四時間交替勤務だった様子、また売上金の不足分について出札掛が自弁を強いられていたことを記している。

また松崎は、配偶者の有無について「鉄道庁では最初独身者に限るという規定であつたが、斯ては困る事の持上らぬにも限らぬとて、中頃人の妻でも採用する事になり[17]」と、既婚者も採用する方針に転じたことを記している。「困る事」というのは、性規範についての話だろう。よく知られているように、この時代はパターナリズムが横行し、職場の上司が部下の私生活に干渉することもまれではなかった。松崎のこのルポからは、雇用者である帝国鉄道庁が女子従事員の私的領域であるセクシュアリティに干渉しながら、既婚者を採用したほうが「困る事」を避けやすいと判断した様子がうかがえる。

ここまで、駅の出札掛についてみてきたが、同じ鉄道作業局でも、事務（調査掛）はまったく異なる勤務体制だった。『女子の新職業』によれば、「勤務時間は他の役所と同様、朝の八時より午後の四時迄で、出札掛の方に比ぶれば、ちやんと規則立ツて居るのです[18]」という。

鉄道作業局のなかでも、出札掛は、女性の職場として異色の勤務体制だったのである。

5　「女子の通有性たる緻密と服従」とその問題

官鉄が女性採用に踏み切ったあと、事務や出札に女性を採用する動きは各鉄道に波及した。新聞をあたれば、一九〇四年（明治三十七年）四月には、総武鉄道（現・総武本線）が「両国橋駅出札事務員として十七歳より二十三歳位迄の簡易珠算の心得ある女子[19]」を採用しようとしたことが確認できる。また〇五年（明治三十八年）六月には、北越鉄道（現・信越本線）が「他会社とも計り出札掛及び電信掛を悉皆女子に改めんとの計画にて越後長岡町女子鉄道学校なる者を創設し第一期生として二十名の入学を許した」[20]という新聞記事が確認できる。また甲武鉄道（現・中央本線）が高等小学校卒業の女性四人を運輸課で統計の仕事にあたらせていたと報じる記事を、一九〇六年（明治三十九年）八月の新聞紙面でみることができる。[21]

そして一九〇六年七月、逓信省は、女性を下級官吏である判任官に登用することを決めた。当時の官鉄（鉄道作業局）は逓信省の外局だったので、鉄道で働く女性も判任官に任用される可能性があったのである。この話題を取り扱った新聞は、通信官署や鉄道で働く女性を指して、次のように書いた。

女子の通有性たる緻密と服従とは男子と異なり変化なき趣味なき事務に対しても嫌厭心を発生することなく従つて錯雑の状態に在る或仕事を整理区分する能力の如きは却て男子を凌ぐに足るものあり又計算事務の如き、調査事務の如き、比較的簡単なる頭脳の働きと多大の熟練に依る指頭の作用とを要するものに至りては殆ど女子雇員否女子の此の方面に於ける独占の職業範囲と謂ふも亦誇張の言にあらず[22]

一見すると労働力として女性をたたえているようにもみえるが、見すごせない問題がある。緻密さと服従心を「女子の通有性」とし、「変化なき趣味なき事務に対しても嫌厭心を発生することなく」「比較的簡単なる頭脳の働きと多大の熟練に依る指頭の作用」をこなせることを女性の特性であると述べている。しかし、いうまでもなくこれは男性と女性という二項対立を前提とし、「女子の通有性」に含まれないものを男性の専有物とする思考につながる。すなわち大ざっぱでもよく、そして服従的であることも求められず、変化があって趣味を覚えるような、複雑で指頭の作用だけに縛られない仕事は男性向きだ、というわけである。

ここで述べられた「女子の通有性」が、いずれも女性の「本質」ではなく教育の結果であることには注意しておくべきだろう。男性中心の社会にあって、女性にはこうして、単純作業や計算事務が割り当てられていったのである。

ところで先にもふれたが、出札掛は金銭を扱う仕事である。一銭たりともゆるがせにできない。一九二四年（大正十三年）の「東京朝日新聞」は、東京駅に勤めている出札掛の声として、「却却《なかなか》面倒ですヨ、割引証や公務証の様な賃金割引のもの迄キチンとその時々で記入して置かないと大変違つて来ますしねー」という言葉を掲載している。そして「金の事ですから注意を払つてゐますがそれでも毎月二百円位の金が不足いたします、処がこの不足の金は毎日速座に四十人ばかりの私達が平均に金を集めて弁償せねばならないのです[23]」。当時、出札の不足額は係員が自弁した。乗車券の券種が多く、運賃制度も複雑だったので、日ごとの乗車券の枚数と現金とが合わないことは珍しくなかったろう。先述したように、緻密で計算事務に適しているとされていた女性職員は、不足額自弁という不合理な制度にも縛られていた。そのうえでなお、感情のコントロールも求められていたことは、続く次の言葉からもうかがえる。「中には何故早くしないかと随分ムキに怒鳴る人もゐますが事故を起こさないやうにとの標語を守つて何事も諦めてゐます」

「温和」であることを強いられていたために、怒りを抑える必要があった。そのためには「諦め」を自分に課すという感情の処理も必要だったのである。このような状況は、その後も長く続いた。次に挙げるのは、一九三五年（昭和十年）の女性出札掛の憂鬱である。

一日何千何百といふ客の中には、北は樺太南は満洲、九州から台湾の果てまで旅行される方が沢山に見えますが、さういふ方には一々補充の乗車券を造らねばなりません。何駅は何線とか、何処の管理局であるとか、省経営の線とか各会社経営の線との区別やそのほか賃金計算方、乗車券の種類、途中下車回数通用期間等、覚え込むまでは容易なことではありません。

乗車券を造り、面倒な賃金計算に少し手間取つてゐると「何を愚図々々してゐるんだ、乗遅れるぢやないか！」などと大声で怒鳴られたり…といつて、いゝ加減にしておきますと夜の総合計で計算が合はず、若し不足金を生じたるときは、自身で弁償しなければならないのです。

不慣れなうちはよくその月の給料全部をその為に無くして、お弁当持参のタダ働きといふ情無い結果を招来いたします。その反対に万一売上金の方が剰つたり致しますと、それは鉄道の方へ納めるのでございますから、一銭一厘の間違ひもないやうに——一昼夜を緊張し切つて過ごすのです。（略）色々な無理を仰有つたり、理由もなく腹を立てたりする方には困ります。そんな時は此の仕事が悲しくさへなると、若い人達が嘆くのも無理ではないでせう。(24)

鉄道は、無理を言う旅客に対して、女性の（特有の性質ではない）「柔和さ」を盾にしていたのだった。トラブルを、女性職員にしわ寄せしていたのである。

6 盗難との闘い

出札は、金銭を扱う現場である。扱いの過ちからくる現金の過不足とは別に、もう一つ注意しなければならないことがあった。それは外部の者による犯罪である。

一九一四年（大正三年）に最下級の駅夫として国有鉄道に入り、飾磨駅長を務めたのを最後に四九年に退職した丹羽保徳は、駅夫時代を回想して次のように書いている。

夜間休養時間の無かつたことは前述の通りで〔寝ることは公認されておらず、横になれる設備もなかったということ：引用者注〕、出札掛もイスにもたれて居眠りしていたものであつたが、真夜中に一時間々隔位に急行列車が停車する。ある夜女子出札掛が例によつて居眠り中、ボテに入つていた売上金の銀貨、銅貨取混ぜ何十円かが、ボテぐるみ窓口から手かぎか何かで引出されて盗難にかかつた事があつた。(25)

油断がならなかったことは、一九二四年（大正十三年）十月七日に東京駅で起きた事件からもうかがえる。百円札で支払った男が九十二円の釣りを受け取り、紙幣だけわしづかみにして立ち去った。怪しく思って残された百円札を見たところ、ニセ札だったというのである。

出札にコンナ事が起ると当然その係員の損になる、（略）それにしても今度の九十何円は大きい、可憐なは な子さんは三箇月位は只働きしなければならない、駅長や助役が心配して「月賦にでもして」といつてゐるが、兎も角出札嬢の俸給三箇月分の負担だ(26)

このように、たとえ通貨偽造とその行使という犯罪に遭ったことに起因する不足金であっても、労働者が補塡することが当たり前だった。

また一九二五年（大正十四年）八月二十九日には、千六百円もの大金が出札口から金庫へと運ばれる途中に奪われる事件が起きた。女性出札掛が三千円を運んでいる途中に東京駅内で襲われたもので、犯人は後ろから「組つき彼女を引き倒してなぐりつけたので彼女も負けずにしがみつくと其隙に男は袋の中へ手を入れて千六百円をわしづかみにして強奪逃走(27)」しようとしたものの、出札掛の大声で出てきた駅員に追われ、丸ビルの付近で通りがかった巡査に取り押さえられた。この事件は、出札掛が教えられてきた「女らしい」柔和な態度でいては、強奪をそのまま許しただろう。なお、出札の売上金が強奪される事件は、何度か起きている。出札掛は女性向けの職業と考えられていながら、このような事件に巻き込まれる危険もあった。しかし、当局者が「女らしさ」と危険に対処する胆力の両立について考えた形跡はまったくみられない。

7 沼津駅長の女性排斥論

強いられるままに温和、従順でいて、また犯罪にも巻き込まれかねない危険を背負って働いていても、女性職員を取り巻く環境は安泰ではなかった。新聞報道によれば、一九二二年(大正十一年)九月ごろ、沼津駅長は次に掲げることを理由として、女性出札掛の全廃を鉄道省本省に建議したという。

過去十年間の経験は徹するに婚期近き関係等から勤続年数が平均に一箇年に過ず腰掛的で向上心奮発心は微塵なく若い女の常として誘惑の手に掛り易く風紀上からも能率増進の上からも不得策で少々仕事が緻密とか旅客に親切だとかといふやうなことは問題にならぬ、本人自身等に採つても幸福の職業ではないらしい、現に彼等からも屢次さういふ告白を聞く(28)

つまり勤務意欲に欠けるところが大きかったようだが、今日の目からみれば、その責任の少なくとも一端は、職場の上長にあるのではないかと思われる。なお同記事によれば、このとき沼津駅では「今月限り四名の女出札係を解雇し十月から(略)三名の男子出札係を任用することになつた」という。

この件について、勤続年数に男女間で有意の差があったかは不明だが、「向上心奮発心」や「能率増進」が男性には問われないというのも不思議である。沼津駅長は、女性の労働をいささか特殊視しすぎるきらいがあったのではないか。

この記事の翌日、同じ新聞が、「能率の問題では決して男子に遜色がない」「〔勤続年数は：引用者注〕少なくとも二年、長いのになると五年以上」という京都駅婦人出札係主任の声を紹介している。京都駅の出札係主任は次のように語る。

要するに婦人出札係に対して兎角の非難を産む原因は、勤務時間中少しの休憩時間も与へられない結果で、旅客からの苦情を一々引受ける人を設けて置けば、大した問題も起こらないだらうし今少し人員に余裕さへ与へられたならば、彼女等も一層円滑に業務を処理する事が出来やう(29)

婦人出札係は休憩時間も満足に与えられず、乗客からの苦情をいちいち引き受けさせられ、日々の業務遂行に差し障りがある状態に置かれていた、と読むことができる。だとすれば、長く勤め続けることは難しかっただろう。沼津駅長がいう勤続年数がきわめて短いという問題は、そのような働き方を強いていた鉄道当局もしくは上長に責任があるのであって、女性一般の責に帰すべき問題ではなかったといえる。京都駅の出札係主任は明確にそのことをわかっていた。だからこそ、女性出札係排斥論には乗れなかったのだろう。

ただし、その京都駅の出札係主任も、次のような言葉を漏らしている。

容貌の美しい者許りを採用しやうと思へば、畢竟誘惑に罹り易いと云ふ憂ひがあるし、余り美しくない人許りを並べると云ふ事も考へものです(30)

採用に際して容貌の美醜を考慮に入れていることがわかる。また、パターナリズムに基づく私生活への干渉がおこなわれていたことも見て取れる。恋愛というきわめて私的な事柄さえも、男性上司の視線にさらされていた。女性の職域拡大といえば聞こえはいいが、それはまた、不合理な制度と視線にさらされながら働かなければならない場だったのである。

注

(1)「日鉄女子切符発売掛」「東京朝日新聞」一八九九年七月二十日付
(2)石田靖一「鉄道現業夜話」『石田靖一集』鉄道研究社、一九二九年、二三七ページ
(3)A・R・ホックシールド『管理される心――感情が商品になるとき』石川准/室伏亜希訳、世界思想社、二〇〇〇年
(4)前掲『日本鉄道史』中、九〇ページ
(5)「女子の新職業」「東京朝日新聞」一九〇二年五月十八日付
(6)「鉄道作業局の女子雇入」「新愛知」一九〇四年十月八日付
(7)「鉄道局の女子採用」「読売新聞」一九〇五年三月十日付
(8)那珂通世/秋山四郎編『尋常小学修身口授書』第四巻、共益商社、一八九三年、一一丁
(9)落合浪雄『女子職業案内』大学館、一九〇三年、一一―一二ページ
(10)同書一四―一五ページ
(11)木下祥真編『女子の新職業』内外出版協会、一九〇五年、六六ページ
(12)同書七四ページ
(13)松崎天民『東京の女』隆文館、一九一〇年、七九―八〇ページ
(14)前掲『女子の新職業』七四―七五ページ

(15) 同書七五ページ
(16) 前掲『東京の女』八一ページ
(17) 同書八二ページ
(18) 前掲『女子の新職業』七六ページ
(19)「総武鉄道の女子募集」「東京朝日新聞」一九〇四年四月二十一日付
(20)「婦人界」「東京朝日新聞」一九〇五年六月十五日付
(21)「甲武鉄道の女子社員」「東京朝日新聞」一九〇六年八月十八日付
(22)「女子判任官制定」「東京朝日新聞」一九〇六年七月十六日付
(23)「腕の女 九」「東京朝日新聞」一九二四年三月三日付夕刊
(24) 岡安ちよ「職場に嫉む タゞ働きの憂き目 駅出札掛」「旅」第十二巻第十一号、日本旅行倶楽部、一九三五年、一七—一八ページ
(25) 丹羽保徳『鉄道生活三十五年』鉄道協栄会、一九四九年、一一ページ
(26)「百円の贋紙幣を掴まされた女出札人」「東京朝日新聞」一九二四年十月十日付
(27)「女出札係を引倒し売上金千余円を強奪」「東京朝日新聞」一九二五年八月三十日付
(28)「鉄道の出札婦全廃」「京都日出新聞」一九二二年九月十七日付
(29)「能率と勤務と風紀上から見た京都駅の出札係」「京都日出新聞」一九二二年九月十八日付
(30) 同記事

コラム　プロイセン邦友鉄道の女性採用に関する規則

公共交通機関として蒸気機関車牽引の列車を初めて走らせたのは、一八二五年に開業したイギリスのストックトン・アンド・ダーリントン鉄道である。その後鉄道は、十九世紀前半にヨーロッパ各地、さらにはアメリカ合衆国でも建設されるようになった。しかし、それらの鉄道に女性の従業員がいたかどうかはよくわからない。

プロイセン国有鉄道で女性の労働が認められた最初の例は、一八六三年のことらしい(1)。その後、プロイセン国有鉄道では七二年に女性の採用に関する規則を設けた。そのころには、女性の就業に関する規則が必要になっていたのだろう。なお、同規則の日本語訳が一九〇〇年に出版されている。ここでは、日本語訳によって、その特徴をみておきたい。

第二章　一、独立ナラサル地位

小駅ニ於ケル駅長、停車場管理者及ヒ貨物掛ノ妻女及ヒ成年ノ女ハ事務ヲ管理スル夫若クハ父ノ責任ヲ以テ駅の外勤ニ属セサル渾《すべ》テノ事務ニ補助トシテ使用スルコトヲ得、之ト斉シク出札掛ノ家族ハ出札事務ニ補助トシテ使用スルコトヲ得

（略）

三章　二、独立ノ地位

未婚ノ婦女、子供ナキ寡婦及ヒ子供ノ保護ヲ免カルヽ寡婦ハ独立ニ且ツ自己ノ責任ヲ以テ官設鉄道ニ

於ケル左ノ職務ヲ執ラシムルコトヲ得
一、出札事務ト金庫事務ト分離セル停車場ノ出札事務
二、小荷物事務ト駅ノ他ノ事務ト分離シ此事務ノ主任ヲ特別ノ職員ニ委任セル停車場ノ小荷物事務
三、私用信書並ニ一定ノ職用信書ノ取扱ニ係ル鉄道電信事務
第四章　一、任用ノ要件
前ニ掲ケタル職務中独立ノ執務ニ適セル第三章相当ノ志望者ハ左ノ証明ヲ要ス
イ、二十歳以上四十歳以下ノ年齢タルコト
ロ、品行善良ナルコト
ハ、善良ノ教育ヲ受ケタルコト
（略）
第九章　予算ニ組入アル定員ニ闕員ヲ生セシトキハ前項ノ条件ニ従ヒ官設鉄道ニ勤務セル婦女子ヲシテ之ヲ補欠セシムルコトヲ得、然レトモ適当ナル軍人候補者ノ存在スル場合ハ此限ニアラス(2)

父または夫が小駅の駅長、停車場管理者、貨物掛である場合は、外勤以外の駅の事務すべてに、父または夫の責任で補助として使用することができる。これが「独立ナラサル地位」である。自己の責任で職に就く場合は、たとえば出札事務では金庫事務と分かたれたもの、また小荷物事務ではほかに主任がいて、かつ駅のほかの業務と分かたれた小荷物事務というように、その範囲がきわめて限定される。また、予算に計上される職員として採用（任官）することはできるものの、「軍人候補者」（文民としての公務に任官する資格を得た軍人出身者）がいればそちらが優先されるため、任官の機会もまた限られていた。採用はされるものの、男性の監督下に置かれ、職域や任官に制限が設けられていたのである。それがこの時期のプロイセン国有鉄

道の女性採用の特徴だった。

プロイセンと同様に、のちにドイツ帝国を構成することになる地域のうちでは、石井香江によればバーデン大公国交通局が一八六四年から女性電信補助手を採用した。このころ鉄道局で電信技手として勤務した女性の人事記録が残っているという[3]。

以上から、ドイツの鉄道では一八六〇年代ごろに、女性採用の途が開かれ始めたといっていいだろう。

なおプロイセンの女性鉄道員に関しては、日露戦争直前に日本でも次のように紹介されている。

孛漏西国にても、一昨年より鉄道事務員に女子を採用し始めたり、今まで女子の執る事務の重なるものを挙ぐれば、切符の売下荷物の受渡し、電信電話の受附及び帳簿の記入等にて、其成績甚だ好良なると云ふ、而して其給料の如きも男子のそれに比較して甚だ低廉にて、種々の利益少なからざるが故に、同国鉄道局長は尚ほ進むで、他の事業にも女子を使用せんと企て居れりと、但し女子の勤務は昼間に限れりと云ふ[4]

採用開始の時期については大きく誤っているが(実際の使用開始は、和暦では文久二年から同三年のころに相当するので、一昨年どころではない)、一般に刊行された海外の女性鉄道員に関する知見として珍しいものである。

注

(1) 鳩澤歩「プロイセン国有鉄道における雇用関係の成立と官僚制――1850年代における鉄道任官資格付与

を中心に」（社会経済史学会編「社会経済史学」第六十七巻第二号、社会経済史学会、二〇〇一年）一三三ページの注記による。

（2）「独逸官設鉄道に婦女子を使用する一般規則」依田昌言訳、「帝国鉄道協会会報」第一巻第五号、帝国鉄道協会、一九〇〇年、八九―九二ページ

（3）石井香江『電話交換手はなぜ「女の仕事」になったのか――技術とジェンダーの日独比較社会史』ミネルヴァ書房、二〇一八年、三九ページ

（4）桜東女史（小林秋子）編『世界の婦人』現代社、一九〇四年、八八―八九ページ

第4章　バスの車掌、鉄軌道の車掌

1　おそらく最初期の、女性車掌への注目

まだ東京に路面電車が走らず、新橋、上野そして浅草の間を馬車鉄道が行き交っていた一九〇一年（明治三十四年）、風刺雑誌「団団珍聞」は、次のような一文を掲載した。

智利のパルパンソでは、鉄道馬車の車掌を、殆ど残らず婦人《をんな》に変へて了ツて、非常の好結果を得たが、日本でも早く女子を車掌に用ゐたら『オイ！最《も》ツと詰めなくツちやア不可《いか》ン。』なンて、腮端《あごさき》で大事なお客を馬車に為る白線《しろすじ》先生がなくなツて、甚麼《どんな》にか乗心地が可いだらう！(1)

文中にある「パルパンソ」とは、十九世紀後半から馬車鉄道が走っていたバルパライソを指すと考えられる。(2)

この一文は海外消息のかたちを取りながら、車掌があごで客を馬車に詰め込む東京馬車鉄道に対する不満を表している点がユニークである。そして、もし車掌が女性に代われば、そのような不快なことがなくなっていいだろうというわけである。

しかし、東京馬車鉄道の場合、女性車掌を採用することで詰め込みが解消したかは疑問である。というのは、「団団珍聞」の記事のわずか三年前の一八九八年（明治三十一年）に、労働運動家だった高野房太郎がアメリカの雑誌に宛てて次のようなリポートをしているからである。

運転車両が少ないため、車内が込み合うことは昔も今もかわりはなく、「いわしの缶詰」という言葉がこの状態をよくあらわしています。一両の床面積は一〇八平方フィートで、座席は一八人用ですが、ここに三六人の乗客を詰め込むのが会社の狙いですから、「いわしの缶詰」になるほかないでしょう。

（略）

この化けもの会社の給与はあまりに少ないため、従業員は生計をたてるのにたいへん苦労しています。会社の規則によると、御者と車掌の給与は、彼らが割り当てられた馬車の収入高によって決まることになっています（原注　実際、会社は乗客を詰め込むことに奨励金をつけているのです）。御者や車掌の賃金率は、総売上高の四パーセント、つまり売上げ一ドルにつき四セントです。こうして決まった従業員の毎日の所得は会社の帳簿に記録され、月末に支払われるのですが、その際、各従業員には会社から貸与される制帽・制服代として、一月あたり二十三セントが差し引かれます。この制度のもとで御者と車掌は一カ月平均六ドル〔約一二円：引用者注〕しか稼ぐことができません。[3]

東京馬車鉄道の乗客詰め込みは、詰め込みを奨励する会社の方針に原因があったわけである。そして賃金が売上額に応じて決定されるため、従業員も自分が乗務する車になるべく多くの客を詰め込むよりほかになかった。このシステムのもとでは、車掌の性別とは関係なく、乗客の詰め込みがおこなわれるだろう。「団団珍聞」がいうように、たとえ車掌を女性に代えてみたところで解決にはならない構造があったのである。

もちろん、「団団珍聞」がどこまで本気で女性車掌を提案したかは疑わしい。世話にくだけた文体が示すのは、通俗的な話題を読者に面白おかしく提供しようとする姿勢である。

通俗的な話題という点では、次にふれるような価値観も社会にあった。一九〇二年（明治三十五年）の「読売新聞」は、アメリカのこととして次のような記事を掲載している。

> オハイオ州の電鉄会社に雇われて居る年若い婦人車掌四名は、揃ひも揃ひし頗付《すこぶるつき》の美形なので、是等の車掌が掌る電車は何時も乗客が充満ださうだが是等の美人車掌は、其家貧なるより一週八円の給料で傭はれて居るとの事、吁《あゝ》！佳人の薄命なる、洋の東西、時の古今を問はざる也矣(4)

この記事からうかがえるように、鉄道など近代的な職場で働く女性に向けられる視線は物珍しさや「頗付の美しさ」を問題とする好奇の視線だった。それはまた性的なまなざしでもあり、ときとして女性の労働そのものを「薄命」の表れと受け取る価値観も内在していた。そのような社会の公共交通機関に女性車掌が登場するのは難しかった。女性車掌の登場は、社会の変化が兆したあとのことである。

2　第一次世界大戦にともなう職域拡大

図2　「パリの女車掌」
（出典：「欧州戦争実記」増刊第59号、博文館、1916年、30―31ページ）

女性の労働に向けられるまなざしは、第一次世界大戦が勃発するころには変化の兆しをみせはじめる。開戦の翌月には「東京朝日新聞」がパリからのルポとして、「地下鉄道や電車でも車掌運転手の少くなつたために（略）改札口の切符切や電車の車掌は大抵女子を使ふ事になつた」「社会各方面に渉つて男子の欠乏と女子の代用とが頗る広く表れてきた[5]」といった記事を掲載している。また、対戦国ドイツについても、「市外電車は平時約九千の運転手、車掌を使役し居たるが開戦と共に一時に四千五百人の現業員出征したる為非常なる困難に陥り其補充の為臨時に出征軍人の妻子を以て之に充てたる[6]」とベルリンからの近報を掲載している。

戦争で男性が動員され、そのことで女性の社会進出が後押しされる様子は、その後もトピックとして命脈を保ち続けた。一九一五年（大正四年）九月の「読売新聞」は、イギリスの例として陸軍省の伝令や小包配達とならんで、電車の車掌も女性が務めるようになったことを取り上げている。(7) また一六年（大正五年）八月には、「近頃では車掌は大抵女で、男の車掌は非常に少なくなつた(8)」というモスクワからの報告を掲載している。第一次世界大戦下のヨーロッパでみられた、これまで男性が担っていた分野への女性の急速な進出が、日本でも持続的に関心の対象になっていた様子がうかがえる。

通信手段と交通機関が急速に発達したため、ヨーロッパでの戦争の影響による女性の社会進出は、時をおかず日本にも継続的に、詳細に伝えられるようになっていた。やがて、日本の交通機関で、車掌として女性を採用する会社が現れる。

日本で最初に女性の車掌を採用したのは岐阜県にあった美濃電気軌道で、一九一八年（大正七年）四月十八日のことだった。このときの状況を、「欧州各国の例に倣うて女車掌を採用することになり三名を教習」と「東京朝日新聞」は伝え、「客の気受けもよく成績良好」と報じている。(9) なおこのとき、勤務時間は朝七時から十二時間だったという。

美濃電気軌道による女性車掌採用の動機が記事にあるとおり「欧州各国の例に倣」ったものだったとすれば、これは一種のグローバリゼーションがもたらした事象といえるだろう。それまで報じられてきたヨーロッパの状況とは比べものにならないほど小規模な出来事ではあった。しかしこの動きが、やがて、日本全国へと波及することになるのである。

3　女性車掌は岐阜から東京へ

一九一九年（大正八年）三月一日に営業を開始した東京市街自動車は車掌に少年を採用していたが、ほどなくして一つの問題を抱えることになった。乗客は増えているはずなのに、売上金が増えないのである。そこで車掌の身体検査をおこなったところ、帽子や靴下のなかから現金が見つかった者が出た。

このことから会社は、車掌が切符を切らずに、乗客から受け取った現金をそのまま着服横領していると考えた。そして、少年に代えて女性を車掌として用いる案が浮上する。女性であれば売上金を着服しないだろうと考えたのである。

　そこで最後に到達した結論は、女子車掌を採用して見るといふ事であつた。然しこれが決定を見るまでには、相当の紆余曲折があつて、先づ脆弱なる婦人の体質と、月経時の就業問題等が女子採用上の問題となり、（略）極力婦人車掌採用を避ける空気であつたが、専務取締役であつた堀内良平氏は断乎女子車掌を採用すべき事を高唱し、女子車掌の就業状況を実地視察するため、種々問合せたる結果岐阜市にて電車に使用せるを聞き同地の市内電車の女子車掌就業状況を、営業課長近藤富次郎氏を帯同して調査した。
　岐阜市電に行つてみると、一時は二人の婦人車掌が居たが、今は一人だけ勤務してゐるといふことであつた。そのたつた一人の婦人車掌を呼んで貰つて感想を聞いてみると、乗客の取扱ひだけなら相当長時間就業しても別に身体に異常はない。たゞ電車ではポールを直すとき等に婦人としての弱さを感じるとの事であつた。尤も電車は軌道上を走り、自動車は常時舗装されてゐない道路を走るのであるから、動揺するといふ点では可なりの隔りがあると考へたが、何にしても焦眉の急を告げている際であるから、実施して見るに如かずといふ腹を極め、これを警視庁に諒解を得たのである。(10)

「岐阜市電」とは、岐阜市営の電車という意味ではなく、岐阜に市内線を有していた美濃電気軌道のことを指す。この記述によれば、女子車掌を率先して採用した美濃電気軌道でも、わずかの間にその人数は減っていた。そして東京市街自動車は女子車掌を採用するにあたり、堀内良平のイニシアチブのもとで、たった一人残っていた美濃電気軌道の女性車掌の話を参考にしたのである。

「警視庁に諒解を得た」とあるのは、交通警察の承諾を得たということだろう。先述したように少年車掌はすでに乗り組ませていたのだから、車掌を乗せること自体には問題はなかったはずである。ということは、女性を乗り組ませるというそれだけのことについて、警察の了解を得なければならなかったことになる。車掌の性別が変わるだけでもこのような準備が必要とされるほど、女性の社会進出には多くの障害が横たわっていたのである。

ともあれこの経緯から、日本で率先して女子車掌を採用した美濃電気軌道の経験が東京市街自動車の女子車掌採用につながったということができる。美濃電気軌道に残った一人の体験が、女子は体が弱いから車掌には不向きだという東京市街自動車社内の消極論を退けて、女性車掌の採用へとつながったのである。車掌業務への女性登用は、こうして電車からバスへ、そして岐阜県から東京へと伝わった。

4　東京市街自動車に女性車掌現れる

東京市街自動車が女性車掌の応募を開始したのは、一九一九年(大正八年)十二月二十六日のことである。それを受けて「読売新聞」の婦人欄は、「新しい女の職業が又一つ殖えた訳である」[11]と書いた。当時の「読売新聞」は婦人欄を設け、働く女性についての記事も多く掲載していた。基本的な論調としては女性が職業をもつことに肯定的で、したがって、東京市街自動車による女性車掌応募についても、次のように好意的に報じている。

関西の方でも電車の車掌として婦人が成功してゐますし、東京でも停車場の出札掛は皆婦人で、此やうな敏

写真3　東京市街自動車（通称・青バス）の女性車掌（1922年）（提供：毎日新聞社）
白襟・黒サージの制服が人気の的だった

速と綿密を要する仕事には一番適当であるとを証拠立てゝゐます、その上男子は車掌よりも機械を動かしたりする運転手の方が適当です。（略）却て生活難が婦人に開発の機会を多く与へるやうです。いよ〳〵市中の自動車に婦人車掌が表れる時には、乗客も婦人を尊敬して礼儀を守るでありませうし婦人のことですから女子供の乗客には殊更に同情がある事と私共は期待いたしてゐます[12]

「関西の方」とは、先述した美濃電気軌道を指す。厳密にいえば岐阜は「関西」ではないが。なお、「停車場の出札掛は皆婦人」はかなり誇張された表現である。国鉄で女性出札掛のほとんどは事務系雇員に含まれていたと思われるが、一九一九年度（大正八年度）の女性事務者（雇員）は、各鉄道管理局合わせて千六百二十四人で、男性二万三千七百六十九人に対して七パーセント[13]にすぎないからである。

男性は運転手に適しているというのは、言葉を換えれば、機械操作は女性に不向きだとする偏見である。女性を技術的な職業から疎外していた様子もまた、この記事からうかがえる。女性の社会進出を肯定的に捉える者であっても、なおこのような偏見を抱いていた。

では、東京市街自動車の募集にはどれだけの反響があったのだろうか。年が改まった一九二〇年（大正九年）一月三日の記事によれば、応募者数は九十六人。そのうち女学校卒が二十三人、同中途退学者二十一人、実科学校卒三十二人、そして残りが小学校卒業者だったという。[14] そのうち採用になったおよそ四十人が同社の教習所で一月十五日から二週間の講習を受け、[15] 三十七人が二月二日から新宿—築地間の乗務に入った。[16] 人数が入所者よりもやや少ないのは、何らかの理由で教習中に辞めた者がいたのだろう。

5　日本社会のなかの女性車掌

先に記したように、このころの「読売新聞」は女性の社会的進出について、当時としてはかなり肯定的な立場をとっていた。

欧米では既に汽車電車はいふに及ばずドンナ工場でも婦人は男子以上の能率を上げて居ります。（略）日本でも、それに従つて、職業婦人が非常な勢で数を増して来ました、そして勢ひ社会的に婦人が認められて来、婦人の職業は到処に『この新時代の婦人の覚醒と活動』とを待つて居ります。近時のタイピストの運動はそれを裏書して余りあるものですが、更に東京市街自動車の女車掌採用などは最も注目すべき現象だらうと思はれます。世人は、否、所謂男の世間はあの女車掌の紫紺のユニホーム甲斐〴〵しい姿に好奇の眼を奪はれてたゞ面白がつて騒いでゐるが（略）市街自動車の女車掌は社会組織の変化を表象してゐるものです。[17]

表8　1920年における東京府職業別人口

	男	女
農業	118,980	49,154
水産業	5,127	206
鉱業	5,831	281
工業	528,241	107,499
商業	324,729	76,137
交通業	97,901	8,011
公務自由業	128,989	36,495
その他有業者	25,713	5,664
家事使用人	3,236	1,118
無職	64,298	40,258
計（人）	1,303,045	324,823

（出典：「大正9年国勢調査」職業（大分類）別本業者本業なき従属者及家事使用人－府県〔https://www.e-stat.go.jp/stat-search/file-download?statInfId=000007913329&fileKind=2〕［2023年4月14日アクセス］をもとに筆者作成）

女性車掌の登場について、男性が女性に向ける好奇の視線を批判していると同時に、女性の社会進出を象徴する出来事として積極的に評価している。「社会組織の変化を表象」――女性車掌の姿は、これまで男性によって占められていた職域への女性の進出をイメージさせるものとして、まさにうってつけと考えられた。

　では、女性車掌登場のインパクトはどのようなものだっただろうか。

　当時の東京府は、市部と郡部を合わせて三百七十万人ほどの人口を抱えていた。うち、無職も含めた約百六十三万人の職業別人口は表8のとおりである。そのうち交通業に従事する者は男女合わせて六・五パーセント、およそ十万六千人ほどであり、また交通業に限って女性が占める数を割合でみると、七・六パーセントにすぎない（表9）。したがって女性が数十人雇用された程度では、数字のうえでは大きな影響をもたらすことはないはずである。

　しかし、三十七人の女性車掌は公共空間に、それも人の往来が多い営業区間にそろいの洋装で登場したことで人目を引いた。多数の公衆の面前で生き生きと働くさまは、人数が少ないにもかかわらず強い印象を社会に与えたことだろう。いわば、女性車掌そのものがメディアになり、女性の働くさまを社会に認知させたのである。また、新聞など活字メディアの扱い方も、社会に大きな影響を与えた。

若い娘さん達を自動車の車掌として乗込ましめる

表9　1920年東京府交通業人口内訳

	男	女
郵便、電信、電話業	10,648	4,421
鉄道業	13,823	463
軌道業	10,564	133
人力車業	13,846	34
乗用の自動車、馬車業	4,440	174
その他の車馬運輸業	11,989	116
船舶運輸業	13,239	2,375
運輸取扱業	13,969	221
その他の運輸に関する業	5,383	74
計（人）	97,901	8,011

（出典：「大正9年国勢調査」職業別本業者―府県／職業小分類〔https://www.e-stat.go.jp/stat-search/file-download?statInfId=000007913335&fileKind=2〕［2023年4月14日アクセス］をもとに筆者作成）

事は保健の上からどんなものだらうとは一部の識者間に問題となつてゐたが風紀は勿論保健上又は成績の上から見ても大丈夫と認められたものか経営者側では今後も益益婦人車掌の養成に力める方針であるし、又昨今市街自動車会社に車掌志願を申込む婦人が甚だ多くなつてゐる。(18)

女性車掌への反響の大きさは、東京市街自動車をして女性車掌の増員に踏み切らせた。また社会一般は、女性を雇用するにあたっての先入観について反省を迫られた。自動車のような動揺が激しい乗り物に乗っているだけであれば、健康の心配をする必要はない、と考え直すことになったわけである。ただし女性車掌の健康を心配する社会の意識のなかには、長時間労働に対する問題意識は希薄である。また、健康上の心配も、実をいえば皆無というわけではなかった。トイレの不足は働く女性にとってのちに至るまで悩みの種だし、冬季に体を冷やすことは健康を損ねることにもつながった。また休暇制度の不備によって、生理の際に思うように休めないという問題もあった。さらには、記事にある風紀の問題とは異性との交際を指すが、そういった個人の私的領域に会社が踏み込むことに対する疑問はまだない。当時はパターナリスティックな労使関係のもとに男女観や家庭観が縛られていて、そのことを不思議に思う者は少なかった。

では、東京市街自動車の専務取締役として女性車掌の採用を主導した堀内良平自身は女性車掌にどのような評価を下していたのだろうか。堀内は、次のように語っている。

然う女車掌を恁度《こんど》採用することになつたのは、別に深い意味が有るのではありませんが、電車の車掌と違つて乗合自動車は比較的職務が楽でもあり、又執務時間も短いのですから、女子の職業としても必ずしも不適当で無いのと、今一つ積極的に考へて女の車掌ならば乗客との折合も柔かく円滑に運ばれもするし、又金銭上の勘定も寧ろ違いが尠いといふ種々な長所もあるので。今度採用した次第です。

（略）

別に新らしい試みといふ訳でもありませんが、英国でも米国でも、もう既に電車の車掌に採用して居るのですから、我が日本の女でも之れ位の職業は何でも無いことです。応募者は大概年齢から云つて廿四五歳位の者が大部分で、学力も高等女学校卒業の者が四五名居る位で、一般に資格は好い方です。(19)

会社を経営する立場からみて、女性車掌の働きぶりは悪くなかったようだ。女性を採用している海外の状況を踏まえたこと、また柔和な態度を女性特有のものと見なして、それを営業上に利用しようとしていたこともうかがい知れる。

6　女性車掌採用の広がり

東京市街自動車に女性車掌が登場してからほどなくして、女性向けの職業案内書でも「今のところ女車掌は市街自働《(ママ)》車会社だけでありますが、将来必ず増加し、電車なども将来は婦人車掌を使用するやうになる傾向が充分にあります」(20)と書かれるようになった。登場から間を置かず、女性向けの職業として有望視されるようになったわけである。
では実際に、女性車掌はどのような広がりをみせたのだろうか。東京を例に取れば、一九二四年（大正十三年）十二月十九日に東京市電気局が、第一期生として六十六人の女性を車掌に任命した。(21)この任命は関東大震災（一九二三年）で罹災した電車の代用として開始されたバス事業の存続決定ならびに改良と並行して実施されたものである。このとき運賃の集め方も改良された。それまでの主要停留所に出札手を立たせて切符を売る方式から、車内で切符を売って運賃を収受する方式に改められたのである。制服はやはり洋装で、紺サージに緋色の襟当てを着けた装いから、いつしか「赤襟嬢」と呼ばれるようになった。
地方都市ではどうだったか。本州北端の青森県を例に取れば、ほぼ同時代の状況が次のように記録されている。

大正十三年に五所川原町の開北自動車に一人の女車掌があつたが数ケ月で中止し其後、今の市営円太郎の前身である篠原氏経営市内自動車が開始された大正十四年に青森市内に女車掌の洋服姿が現れる様になつた。大正十五年に右自動車が市営に移管になると共に女車掌も引継がれ、現在十八名の妙齢の女車掌たちが、雨の日も風の日も市内を疾駆しつゝ幾百幾千の人々と接してゐる。男子に比して、公衆に対する感触が柔かいので評判が大変によい。彼女たちの働く時間は毎日朝七時から夜七時まで、中十時間を服務時間とし二時間は休憩する（略）。年齢は最少十七歳、最高二十三歳で十八九歳の人が多く、恰度結婚期にある人たちのみだから二年位で退職する人が多いさうである、青森市営自動車のみならず最近は弘前市などにも乗合自動車には女車掌の姿が見られる様になつて来てゐる。(22)

青森市とその周辺で、女性を採用したりやめたりを繰り返しながら、女性が乗務する地域を拡大させていった様子がうかがえる。このようにして、女性車掌は日本各地に広がっていったのだろう。そして一九二〇年代の終

表10　道府県別車掌就業者数

男女比順位		女性（人）	男性（人）	女性／男女計
1	徳島県	151	48	0.7947
2	新潟県	234	319	0.4231
3	高知県	102	170	0.3750
4	山梨県	82	138	0.3727
5	長野県	160	363	0.3059
6	群馬県	106	271	0.2811
7	神奈川県	410	1,083	0.2746
8	埼玉県	97	263	0.2694
9	愛知県	461	1,271	0.2662
10	宮崎県	22	65	0.2529
11	大阪府	1,141	3,515	0.2451
12	鹿児島県	97	307	0.2401
13	静岡県	141	457	0.2358
14	山形県	54	191	0.2204
15	栃木県	74	280	0.2090
16	茨城県	71	303	0.1898
17	東京府	1,329	5,866	0.1847
18	岡山県	84	378	0.1818
19	千葉県	78	456	0.1711
20	鳥取県	30	199	0.1508
21	長崎県	45	279	0.1389
22	京都府	181	1,238	0.1276
23	岩手県	19	130	0.1275
24	兵庫県	284	2,113	0.1185
25	青森県	27	207	0.1154
26	北海道	126	1,126	0.1006
27	和歌山県	29	269	0.0973
28	広島県	67	624	0.0970
29	福島県	34	331	0.0932
30	富山県	19	189	0.0913
31	熊本県	31	310	0.0909
32	福岡県	158	1,594	0.0902
33	秋田県	15	175	0.0857
34	島根県	18	222	0.0811
35	岐阜県	33	404	0.0760
36	宮城県	30	410	0.0732
37	山口県	29	507	0.0541
38	香川県	10	176	0.0538
39	奈良県	32	586	0.0520
40	三重県	16	297	0.0510
41	佐賀県	18	358	0.0479
42	福井県	13	263	0.0470
43	大分県	11	241	0.0437
44	沖縄県	2	47	0.0408
45	滋賀県	8	243	0.0320
46	愛媛県	5	337	0.0146
47	石川県	1	353	0.0028

（出典：「昭和5年国勢調査」職業（小分類）別人口―府県／232: 其の他の飲食料品　嗜好品製造に従事する労務者～376: 其の他の無業者又は職業の申告なき者〔https://www.e-stat.go.jp/stat-search/file-download?statInfId=000007913700&fileKind=2〕［2023年4月14日アクセス］をもとに筆者作成）

わりには、「現在では大都市の乗合自動車は多数の女車掌を採用して居ります」[23]と書かれるようになったのである。

表10は、一九三〇年（昭和五年）国勢調査から、車掌を職業とする者の数を抜き出してまとめたものである。道府県による違いは大きいものの、二〇年代を通して車掌という職業に就く女性が全国に登場していたことが見て取れる。

7 民営時代の東京市内電車

ここまでバスに女性車掌が登場して広まっていくさまをみてきたが、では市電はどうだったのだろう。東京市電の前身である東京電車鉄道、東京電気鉄道、東京市街鉄道（それぞれ略称は東電、外濠、街鉄）の三社が事務員として女性を雇用していたこと、そしてその際の就労条件は、三社が合併を控えていた一九〇六年（明治三十九年）の次の新聞記事から知ることができる。

従来三電車会社にても女子を事務員として雇入れ居るが現在にては東電に十余名、外壕（ママ）に三名、街鉄に三十余名あり九月三社合同成立する上は其数を増加して各部に執務せしむといふ、待遇は日給二十銭以上五十銭以下にして執務時間八時間以内なり、資格は小学校卒業以上の独身者に限る[24]

その後、九月十一日の三社合併によって成立した東京鉄道は、女性車掌の導入も考えたらしい。九月十六日付の「読売新聞」に次のような記事がある。

東京鉄道株式会社にて従来使用し来りたる車掌は男子にして兎角乗客に対し感情を害する行為あり寧ろ女子を以て之れに宛つれば客に対する応対も至極円滑に又金銭取扱上にも間違少かる可しとの議新重役間に起り反対の重役もなきとて試みに女子車掌を置き日々事務の練習をなさしめ徐々に車掌の改良をなす由なり(25)

女性導入の動機が、接客態度の改善と金銭取り扱いにあったことがわかる。なお、金銭の取り扱いが問題になったのは、売上金の着服が疑われる事例が起きていたためである。これは、一九〇七年（明治四十年）の次の記事からもうかがえる。

東京鉄道会社の運転手車掌四千余名に対し従来厳重の取締を行ひ来りたるに係はらず監督の眼を盗みて悪事を働くもの毎月百五六十名を下らず（略）下車の際は必ず身体検査を受くることに定まり居るゆゑ靴の下皮或は襟巻へ小さなポッケットを造り紙幣銀貨等を巧に隠して検査の眼を晦まし居り(26)

当時の路面電車では、車掌が車内で切符を乗客に売っていた。その際に授受した金銭を着服したと疑われた者がいたのである。そのため会社は車掌に対する身体検査までしていたのだが、それでも売上金の着服とみられる事例は後を絶たなかった。

ところで会社はなぜ、車掌を女性に置き換えれば接客姿勢と着服金問題を改善することができると考えたのか。これは、女性が置かれた従属的な地位と無関係ではない。力をもたず従順であるべき立場にいた女性は、接客にも金銭の取り扱いにも好都合と判断されたと考えられる。

だが、このとき女性車掌が登場することはなかった。東京鉄道は女性車掌を採用しないまま、一九一一年（明治四十四年）八月一日に市営化され、東京市電になった。

なお、身体検査は、東京電車鉄道の前身である東京馬車鉄道のころからおこなわれていたようで、そのための身体検査場があったことが新聞記事からうかがえる。(27) 実際に着服した従事員がいたかどうかはともかくとして（むしろ多かったのは、忙しさゆえのミスと思われる）、会社側は、労働者に対して常に疑いのまなざしを向けていたのである。

8　東京市電での女性車掌採用の経緯

東京市電気局での女性車掌採用の経緯を『電気局三十年史』の年表をもとに示せば、次のようになる。

一九二四年（大正十三年）十二月十九日：市バスに女子車掌を配置
一九二五年（大正十四年）三月二十一日：市電に女子車掌を配置（配置当初は見習）
一九二七年（昭和二年）六月二十七日：市電の女子車掌廃止
一九二七年十二月六日：市電に少年車掌を配置
一九三四年（昭和九年）三月十六日：市電に女子車掌を配置
一九三四年六月七日：市電の少年車掌廃止(28)

東京市では、電車の補助車掌にも女性を採用することを考えた。人件費削減のためである。

一九二四年（大正十三年）十一月に、「東京朝日新聞」が「車掌四千八百人運転手二千七百人ある内で車掌に女を入れるか車掌二人乗の分を一人乗にするかして幾分経費を緩和せんと目論でゐる[29]」と報じている。

当時、東京市電のボギー車では、本務車掌と補助車掌の二人が乗り組んで業務をおこなっていた。「本務車掌は主として車掌台にありて電車の発車、停車及トロリーポール〔集電装置：引用者注〕の取扱を掌り補助車掌は車内にありて乗客の整理を掌るもの[30]」と定められていたのである。つまり、発車や停止のタイミングを見極めて合図を運転手に送り、また集電装置の取り扱いに任じるのが本務車掌、そして運賃の収受（切符や金銭の取り扱い）や車内混雑時の乗客整理にあたるのが補助車掌と、業務を分担していた。それを東京市電気局では、一人乗務にするか、もしくは補助車掌に女性を用いようと考えたのだった。

ちょうど東京市営のバスも女性車掌を導入しようとしていたころで、人件費を圧縮するために、男性よりも低賃金で雇用できる女性に目をつけたわけである。

市電気局は、一九二五年（大正十四年）一月に女性車掌の募集を決定した。理由は「乗客の乗心地を緩和する為と経費の節減を計る為[31]」と報じている。その後の新聞報道によれば、採用された者が市電青山教習所を卒業したのは三月二十日。この日、六十八人が青山南町、巣鴨、新宿の各車庫に配属され、午後三時ごろから乗務に入った。なお教習所卒業の際の訓示は、「やさしく、女らしく、怒らず、綿密に[32]」だったと伝えられる。また、記録上の配置日よりも実際の乗務は一日早かったことになる。

市電気局は第三期まで女性車掌を募集していた。ところが間もなく、その働き場を提供できない事態に陥った。少年車掌を廃止して女性車掌に置き換えた市バスとは異なり、男性車掌の退職者が出たところに女性を入れようとしたところ、あてにしていた退職者が思うように出なかったのである。

電気局では電車乗務の女車掌を大宣伝で募集してゐたがその後俄に募集中止の有様で現在は百二十名ゐるが乗務してゐるに過ぎない、処で此処に気の毒なのは第三期に募集した五十六名の婦人連で此の人々は三月

写真4　東京市電の女性車掌
（出典：「歴史写真」1925年5月号、歴史写真会、6ページ）

十二日に合格の通知を受けたまゝ今日に至るまで約二箇月採用するともしないとも何の音さたも無い為他に職を求むる訳にも行かず途方にくれてゐる[33]

彼女たちに対する電気局の対応は、「七月頃から乗務させる様にしたいと思つてゐます、しかしそれも確実とは云へませんがその頃までに辞めるものもあると思ふのです」という無責任なものだった。

労働者の権利保障がきわめて不十分な時代だったといえばそれまでだが、女性の権利保障は、男性のそれよりもさらに不十分だった。先に示したように一九二七年（昭和二年）には女性車掌がいったん廃止になる。理由は、男性乗務員と異なり、終車まで勤務させることができないことと更衣室などの設備を要するからというものだった。[34]なお廃止の際には、市バスのほうに転属させた。[35]

9　少年車掌を経て再び女性車掌へ

女性車掌の急な廃止は、「あの頃新聞で見ると局長さんは盛んに成績がいゝ、いゝと吹聴してをられたが、今になつてそれも急に自動車に変れというのはあんまりひどい[36]」という現場の反発を招いた。しかし、ひどかったのは東京市電気局だけではない。東京市電気局が一九二七年（昭和二年）十二月から少年車掌を乗務させるようになると、マスメディアも手のひらを返したように、今度は少年車掌を褒めだしたのである。

婦人車掌は男子同様の勤務に服させることが困難で、朝は遅く、夜は早く務めを切り上げさせなければならなかつた。所が少年車掌にはさうした不便がなく大人同様に働かせる事が出来る、それが第一で、次には乗客に対して丁寧親切であること。第三には少年特有の誰の耳にも心地よく響く透徹した声――つまり声がハツキリ明瞭なこと、それがまた乗客に非常に好い感じを与へる[37]。

このように書いたのは「読売新聞」である。かつてバスの女性車掌に寄せた好感はどこにやってしまったのかと思わせる。この記事は、大人同様に労働を課すことが可能であるとして少年車掌を称揚しているが、このような就労状態は年少労働力に対する保護の欠如である。本来は必要なはずの保護を与えずにすませられることが少年車掌の長所として捉えられていたのである。

かつて問題とされていた売上金の着服には、少年車掌の導入に際してどのように対処したのだろうか。この点について記事は次のように続ける。

少年車掌は十四から十八以下に限られてゐるがその時分には百円ナンテ金を持つとつい変な気を起こしがちな年頃である。但し其の多くは俄の出来心からである。で電気局としてはそうした出来心を予防する為勢ひ少年車掌の家庭の内部にまで立入りふだんの金の遣ひ振りなどを調査し少年のために出来るだけ善いやう処置を講じ同時に犯罪を未然に防ぐことに骨を折つてゐる。(38)

労働者に対する不信の目をそのまま少年車掌にも向け、家庭のプライバシーにまで踏み込んで監督をおこなったのである。

七年後、一九三四年(昭和九年)一月十九日に、東京市電気局は再び女性車掌の導入を決定する。(39) 理由はまたも、経費の圧縮だった。

10 女性車掌は高速度電車にも

東京市電が女性車掌の採用をとりやめていたころ、目蒲電鉄(現・東急電鉄)は、一九三〇年(昭和五年)六月九日から、十四人の女性車掌の採用を決めて電車に乗り組ませることにした。この決定に対して、従業員組合は、男性車掌の職を奪うことになると反発した。(40) おそらくこのあたりが、路面電車ではない、高速度運転をおこなう電車での女性車掌採用の始まりだろう。

一九三〇年代半ばになると、女性車掌の存在は見慣れたものになりつつあった。その職域も市電の補助車掌から、郊外電車のような高速度運転をおこなう鉄道の車掌へと拡大していた。三三年(昭和八年)に開業した帝都

写真5　東京市は市電に女性車掌の採用を決めた。再度、採用に転じたあとの、採用試験での電車ポールの取り扱いテスト（1934年）（提供：毎日新聞社）

電鉄（現・京王電鉄井の頭線）は、当初から女性が車掌を務めた。三五年（昭和十年）には新聞が、東京横浜電鉄（現・東急電鉄）で働く女性車掌を次のようにルポしている。

渋谷と目黒から郊外へ出る電車の車掌さんとして計十名の彼女達が、ピリピリピリーッ……とやつてゐる市電みたいに男の運転手と車掌の真中に小さくなつてゐる補助車掌ぢやなくてこゝでは彼女車掌さんが発車信号をすると、お父さんか叔父さんみたいな運転手が、忠実にハンドル取つて動きもすれば、止まりもする

（略）

ラッシユ・アワーの短距離折返し運転に給料の高い男の代りに廉い女性を利用するといふ、いはゞソロバン玉から弾き出された会社のコンタンが、実のところ伏在した採用理由となつてゐるにしろ

（略）

万が一、運転上に故障や事故が突発するといつた時、グイと引く車掌ベンに力をこめて、未然に死傷や惨事の防止を計らねばならぬといふ責任も重且大なら、それだけに彼女等の役割も勇且壮である[41]

男性よりも賃金が低廉という事情は相変わらずで、雇用する理由はそこに根差してはいたが、彼女たちが社会での認知度を自らの働きぶりで高めていたのも、また確かだった。

このような動きは東京など大都市だけでなく、地方私鉄でもみられた。たとえば新潟県の栃尾鉄道について、一九三五年（昭和十年）に刊行された書籍には「客車もガソリン・カーを併用して女車掌を採用し乗客へのサービスに万全を期する」[42]と記してある。このころは、鉄軌道全体で少しずつ女性車掌を採用する動きが生じていたといえる。

しかし、バス車掌の女性採用が一九二〇年代から三〇年代を通して全国的に広がりをみせたのに比べて、鉄軌道の車掌を女性に置き換える動きは比較的緩やかだったことも付け加えておかなければならない。たとえば名古屋市電気局では、市営バスの女性車掌が三一年（昭和六年）に登場しているのに対して、市電に女性車掌が乗務するのは三七年（昭和十二年）十月一日以降だった。この乗務は、日中戦争勃発による応召者の増加、他職業への転職者出現に対する処置としておこなわれたものだった。[43]

また函館市についてみると、一九三八年（昭和十三年）の末には函館乗合自動車の車掌三十一人全員が女性だったのに対して、現在の函館市電の前身である函館水電（当時は私営だった）の電車には、日中戦争が泥沼化した四〇年（昭和十五年）十月一日になってようやく最初の女性車掌が登場している。[44]

注

（1）「鉄道馬車の女車掌」「団団珍聞」一九〇一年四月十三日号、珍聞館、一一ページ
（2）バルパライソの女性車掌については、チリとペルーが交戦した太平洋戦争（一八七九―八四年）の折に採用されたと考えられる。戸塚巻蔵「交通事業に於ける女子の職業」（「業務研究資料」第八巻第十二号、鉄道大臣官房研究所、一九二〇年）一〇〇ページに、「秘魯及智利戦争中其の両国各地殊にサンチアゴ竝ワルパライソ等に於ては女子を車掌として採用したりしが、今日は戦争後既に数年を経過せりと雖女子は依然として車掌に従事しつゝあり」とある。
（3）高野房太郎『明治日本労働通信――労働組合の誕生』大島清／二村一夫編訳（岩波文庫）、岩波書店、一九九七年、二一五―二一七ページ
（4）「米国の美人車掌」「読売新聞」一九〇二年三月七日付
（5）「男子は皆戦場へ（下）」「東京朝日新聞」一九一四年九月二十日付
（6）「渦の中の伯林から（一）」「東京朝日新聞」一九二四年九月二十七日付

(7)「戦乱と英国婦人の働き」「読売新聞」一九一五年九月二十六日付
(8)「戦時の莫斯科(二)」「東京朝日新聞」一九一六年八月四日付
(9)「美濃電の女車掌」「東京朝日新聞」一九一八年四月二十日付
(10)日本乗合自動車協会編『社団法人日本乗合自動車協会十年史』日本乗合自動車協会、一九三七年、八三―八四ページ
(11)「市街自動車で女の車掌」「読売新聞」一九一九年十二月二十七日付
(12)「生活難が誘発する……婦人車掌の応募者」「読売新聞」一九一九年十二月二十八日付
(13)鉄道院編『大正八年度 鉄道院鉄道統計資料』(鉄道院、一九二二年)による。
(14)「女車掌に女学校出が廿三名」「読売新聞」一九二〇年一月三日付
(15)「婦人車掌の稽古始め」「読売新聞」一九二〇年一月十六日付
(16)「女車掌卅七名の勢揃ひ」「読売新聞」一九二〇年二月二日付
(17)「時代推移と婦人の職業」「読売新聞」一九二〇年四月九日付
(18)「婦人車掌の志願が多い」「読売新聞」一九二〇年七月二十七日付
(19)堀内良平「何故女車掌を採用したか」「自動車及交通運輸」一九二〇年二月号、帝国自動車保護協会、四六―四七ページ
(20)日本職業調査会編『女が自活するには』周文堂、一九二三年、一三ページ
(21)東京市電気局編『電気局三十年史』東京市電気局、一九四〇年、三七三ページ
(22)東奥日報社編『昭和四年 東奥年鑑』東奥日報社、一九二八年、六五二―六五三ページ
(23)女子大学講義編輯部編『職業別学校案内と婦人職業指導』目白台書肆、一九二九年、二一九ページ
(24)「電車合同後の女子雇員」「東京朝日新聞」一九〇六年七月二十三日付
(25)「東鉄の車掌改良」「読売新聞」一九〇六年九月十六日付
(26)「電車車掌に秘密探偵」「東京朝日新聞」一九〇七年二月二十三日付

(27) 身体検査場の存在は、馭者と車掌と会社が対立した事件を報じる新聞記事「解傭馭者対馬鉄事件」「東京朝日新聞」一八九九年九月九日付にみえる。
(28) 前掲『電気局三十年史』年表二三―四四ページ
(29) 「四苦八苦の市電気局予算」「東京朝日新聞」一九二四年十一月二日付
(30) 東京市「第二編 車掌心得」『電車従業員心得』東京市電気局乗務員教習所、一九二三年、五八ページ
(31) 「乗心地よくする為電車に女車掌」「東京朝日新聞」一九二五年一月十三日付
(32) 「怒らずやさしい女車掌」「東京朝日新聞」一九二五年三月二十一日付夕刊
(33) 「採用した許りで置いてけぼり」「東京朝日新聞」一九二五年五月二十日付
(34) 東京市電気局編『創業二十年史』東京市電気局、一九三一年、六七ページ
(35) 「市電の赤えり嬢今月限りで姿を消す」「東京朝日新聞」一九二七年一月二十三日付夕刊
(36) 同記事
(37) 「少年車掌好評で次から次へと募集」「読売新聞」一九二八年一月六日付
(38) 同記事
(39) 「車掌に男は要らぬ 市電で女を採用」「東京朝日新聞」一九三四年一月二十日付
(40) 「現れ出る女車掌に泣き出した男車掌」「東京朝日新聞」一九三〇年六月十一日付夕刊
(41) 「ほがらかに働く女性の新職場（一一）運輸交通の戦士」「東京朝日新聞」一九三五年一月二十二日付
(42) 自由日日新聞社編『長岡の産業と自活』自由日日新聞社、一九三五年、二四一ページ
(43) 名古屋市交通局50年史編集委員会編『市営五十年史』名古屋市交通局、一九七二年、三九七―三九八ページ
(44) 函館市史編さん室編『函館市史』(「通説編」第三巻)、函館市、一九九七年、一〇一六ページ

第5章　女性車掌と社会の緊張関係

1　労働者による労働者に対する差別の存在

第一次世界大戦の勃発でヨーロッパ各国が総動員体制に入ると、多数の女性労働力が産業界に参入した。そのさまをめぐって、国文学者の芳賀矢一は「婦人達は男のする仕事を何でも引きうけて、ぐん〳〵働いて居るので、戦後もし男が戦地から帰つて来たならば、或は男女職業の奪ひ合ひが起りはしないかと唱へられて居ます。然し多少の争ひはあるにしても想像程ではなく、実際の社会状態はさうした争ひの出来ぬ如《やう》に組織されてあります(1)」と書いた。しかし現実の社会が、芳賀がいうように組織されていたかは疑わしい。たとえばイギリスでは、女性をはじめとする非熟練労働力の導入に対して強い反対論があった。

芳賀の談話の背景には、「職業の奪ひ合ひ」――というよりも、一方的に男性が職を「奪われる」危機感――に対する懸念があった。そのような、誰かに職を奪われることへの不安は、第一次世界大戦による動員体制の渦中にあったヨーロッパだけでなく、日本国内でも発生しうるものだった。日本でも、外国人労働者の入国を排斥する運動が起きたことがあるからだ。

一八九九年（明治三十二年）七月、神戸では清国労働者非雑居期成同盟会が結成された。この会は、外国人の内地雑居を認め、同時に帝国内居住の清国臣民に関する勅令を廃止したことに反発して結成された。清国人労働者を「汚下賤劣乞食に比《ひと》しき労働者(2)」と決めつけ、彼らが日本国内で就業することは風俗壊乱や自国労働者の失業につながるとして排斥しようとした。きわめて差別的な団体だった（なお、この期成同盟会については、片山潜が「第三回演説会を開きし後、何事をも為さずして何時の間にか消へ失せたり(3)」とその消息を記している）。

このような、労働者がさらなるマイノリティを迫害するという出来事はしばしば発生していた。男性を中心とする社会に、その周縁に位置づけられた女性が進出する場合、そこに何らかの摩擦や軋轢が生じてもおかしくはない。本章では、車掌という職種をめぐって起きた摩擦を検証する。その検証を通して、大正から昭和戦前期の女性の社会進出や職域拡大にともなって生じた軋轢を概括する。

2　非難を浴びる「働く女性」

東京市街自動車が女性車掌を採用して間もなく、与謝野晶子は「婦人界の小反動思想」と題した文章のなかで、女性車掌にふれて次のように書いた。

反動思想が女子を家庭の中に喰ひ止めようとするに関らず、少しでも自己創造の喜びのある生活を体験しようとする青年女子の殖えて行くことは、東京市の乗合自働《(ママ)》車に洋服姿の女車掌が健気な労働振を示して居るのでも想像することが出来ます。賢母良妻の空名の下に恋愛の無い結婚をして、旧式な家庭の桎梏の中に寄生々活を送ることの無意義と不快に比べるなら、乗合自働車の車掌を勤める方が、賃銀労働の苦痛はあつても、どれだけ自主独立の生活に近いか知れません。(4)

与謝野晶子がこの文章を宛てた相手は、その題が示すように、女性のなかにある女性解放反対の声である。しかし現実には、女性よりも男性から、より厳しい女性解放反対の声が多くあがっていた。

たとえば、良妻賢母であることを日本臣民の義務だとする子爵・成瀬正雄は、職業婦人の輩出に関して次のように述べている。

男子と対等の独立気分を培養し為に婚期を逸し或は結婚を嫌ひ或は自由恋愛を口にして禽獣的行為に出で不良少女頻出の忌まはしき社会現象を見るに至れる（略）婦女子として或職業に就き自活の道を立て独立不羈の精神を自覚し得たるは喜ばしき事の一と思へ共同時に謙遜自制の会床しき婦徳の養成を心掛けざる限りは前記の如き不節制の我儘気分増長して遂には収拾し得ず将来国運の消長に悪影響を及ぼす事大なるを肝に銘して忘るべからず(5)

謙遜自制を欠いたならば、不良少女が多数出て、ひいては国運に悪影響を及ぼすというのである。

また、画家の神木鷗津は、さらにあけすけなことを書いて、働く女性の増加について論難した。

婦人が男子と同じく他に出て働いて金銭を得るとなれば、其良人と所得の比較上から自然面白くない影響を来し、一方男子の自尊心を傷け、一方婦人の驕慢心を唆かし、個人主義は濃厚となり、而してお互に其短所を握るとなると、平生親しくしてゐる友人の方に心が惹かれ、却つて夫婦よりも其方へ情が運ばれることゝなり、乱倫とならざるを得ない[6]、

女性の稼得労働は男の面子をつぶし、女性をつけあがらせるというのである。このような女性の労働を歓迎しない視線も向けられながら、交通機関の女性たちは、公衆の前に身をさらして働き続けていたのである。

3　客からの無理難題

やや興味本位の記事ながら、女性車掌の仕事の過酷さにふれたのは「東京朝日新聞」である。

埃を喰つた紫紺色サージに身体を包んだ女車掌さん達は殆ど十時間にガタ〳〵の中に乗詰だ、つい昨日なども振落とされて死んだ様な話もあり、考へて見ても気の毒になる、斯うした女車掌さんは今約二百人大概が小学校を出たばかりの十七八から二十四五位な娘さん、イヤ中には運転手君と一緒になつて共稼ぎの妻君もある、こんな仕事だけにたゞすいきよう娘は一人もない、家が困つてか、自分で働いて生きて行かねばならぬ気の毒な娘さん達ばかり（略）勉めの時にも酔つた男などが女と見ていろ〳〵絡んで始末に終えぬのがあるとは、よく皆でこぼして居るらしい[7]

伊達や酔狂で働いている女性がこの世にいるといわんばかりの、また働くことを「気の毒」とみる点で違和感がある記事である。しかし、長時間にわたって振動にさらされること、また、乗客に執拗に絡まれることに女性

車掌が悩まされていることを描き出している。

実際、バス車掌に対する乗客の態度にはいろいろと問題があったようだ。一九二五年（大正十四年）の「東京朝日新聞」は、東京市バスの「田舎の某女学校を出て初めて今度の車掌になつたH子さん」の声を次のように書いている。

四十近いお宅には相当なお子供さんのありさうな方が大変お酒に酔つて「ドウだい姐さん、その若さに車掌だなんて、何か外に仕事があらうぢやないか、一体面白いのか、これほど云つても怒らないのか一つ怒つて呉れよウハヽヽヽ」とその言葉は可なりぞんざいで(8)

と、大みそかにこのような体験をして、元日には次に記すような経験をしたという。

年頃は三十四五歳位でモーニングの方がN町から乗つた五十銭銀貨を出して「切符を呉れ」とお屠蘇の加減かさながら怒鳴るやうにおつしやつた「ハイ、何処迄お乗りです」と前に行くと「何処迄でもいゝよ」とのお言葉だつた、「区間がありますから仰らないと切符が切られません」と正当なお答へをしたのに「生意気云ふな　行く処迄行くのだ」(9)

客からこのような無理難題を吹っかけられても、彼女たちは愛想がいい接客を強いられた。女性労働者の人格を軽んじていた当時の社会風潮が色濃くうかがえる。

また、ときには暴力を振るわれることもあった。女性車掌にふざけかかって怒鳴られた男がバスから降りる際に転び、てっきり突き飛ばされたと思い込んで持っていたステッキで殴りかかり車掌に打撲傷を負わせたという事件が一九二六年（昭和元年）に起きている[10]。

男性による女性差別、蔑視、侮辱、そして暴力にさらされながら、女性たちは乗務を続けていたのである。このような社会状況のなかにあって、次に述べるような、揶揄や中傷をともなう呼び方もまた生まれてきたのだった。

4　流行語のなかの女性車掌

一九二〇年代は、近代から現代へと移行する変革期であり、転換期だった。ヒトやカネ、モノが地球規模で往来し、その影響を受けて思想や価値観、生活様態が大きく変化していく。そのなかで新語や流行語も次々に作られ、消費される。女性車掌をめぐる言葉も例外ではなかった。

ヲンナシャショウ（女車掌）前条〔女運転手が立項されていた：引用者注〕と同じく欧州戦乱の副産物であったが、日本でも労銀〔一字不詳〕関係からこれを採用〔一字不詳〕た。美濃電鉄が最初で、東京では乗合自動車は悉く、市電では或る部分採用してゐる。これに嘲笑的に白襟美人とか赤襟美人といふ流行語が加へられてゐる[11]。

これは一九二六年（昭和元年）に刊行された『デエリー新文化語辞典』という新語辞典に採録された一項目である。本の題名が示すように、まさに「女車掌」は新文化であり、新しい文化のありようを指し示す新語だった。またここでは、東京市街自動車の車掌を指して呼んだ「白襟美人」、また東京市営バス車掌を指す「赤襟美人」

といった流行語が、嘲笑的な意味も帯びていた事実も指摘されている。

その指摘を裏づける記述が、一九三三年（昭和八年）に刊行された『モダン語新式辞典』にある。

赤襟嬢（あかえりじょう）
円太郎こと東京市営自動車で最初採用した女車掌には、何のためか襟に赤い布のついてゐるワンピースの安洋服を着せて「次ストップ願います」とやらせて居たところから、此の円太郎の女車掌を一名「赤襟嬢」と呼ぶやうになつたのである。[12]

あてがいぶちの制服を指してわざわざ「安洋服」と揶揄するところに、書き手の姿勢が見て取れる。要は女性車掌を見下しているのである。そのことは、就職の手引書に「昔はよく赤い襟をつけてゐましたので、赤襟嬢だなんてひやかされたものでしたが[13]」と書かれていることからも裏づけられる。

またバスの車掌を指す言葉には、「オーライ嬢」や「オーライガール」もあった。この言葉も、たとえば次の一文をみると、あまりいい意味はもたなかったようだ。


『ストップ、オーライ、オーライ』を極めてあざやかに云ふ乗合自動車の女車掌嬢。オーライの掛声に依つて、自動車が動き出すと同時に彼女の大きなお尻は客と客の間に行つたり来たり。快感を感ずるのは彼女か客か？

昔は市営バスの『オーライガール』は紺サージに赤襟だつたので赤襟嬢と呼ばれたが、今は白い襟でシークな服装をしてゐる。団結力が強く争議の際など男も負かす威力を示す。[14]

侮辱的な文章だが、それでも後半部には、労働争議で彼女たちが発揮する力への感嘆が込められている。事実、争議で女性車掌たちが示す団結力の抜きん出た高さはしばしば報道され、よく知られていた。団結力が強い理由について村上信彦は、女性車掌の多くが家計補助のために働いていることを指摘したうえで、「生活の権利を守る意識は一般の勤労女性よりもつよく、するどい[15]」と記している。

5　男性労働者による女性排斥

一九三三年（昭和八年）二月二日、武蔵野鉄道（現・西武池袋線）の労働者は、始発からストライキに入った。このころの武蔵野鉄道は経営難から解雇が相次ぎ、一日にも四人に対して辞表提出を会社が要求したために、ストに至ったのである。

会社に対する労働者側の要求は三十一カ条にのぼったと報じられているが、そのうち柱になったのは、辞表提出を要求された四人（男性三人、女性一人）の復職、手当を減額しないこと、女性を従業員として採用しないことの三点だった。前二者はともかく、三点目はどのような経緯で出された要求なのか。当時の報道では、争議代表者の言葉として、次の主張を掲載している。

> 一月から出札嬢五名、女車掌一名を使ひだした、この出札嬢と女車掌の初任日給九十銭である、男の初任給は一円七銭、こんな開きのある安給料で女性がどしく我々男の職業を荒して行かれては耐らないので絶対反対を唱へるのです[16]

つまり男性労働者は、安価な労働者への置き換えを警戒したのである。ここで、低賃金で働く女性の賃金引き上げとか、あるいは男女同一賃金を要求しないという点に彼らの限界があった。安価な労働力に置き換えられることだけを心配したせいで、その安価な労働力である女性を排斥することになったのである。

ストライキは、即座に会社が対応したので、翌日の始発前には解決した。主要な点は会社が要求をのんだ。そのため、このときただ一人在籍していた女性車掌はほかの部署に配置替えになり、また四人復職の要求は、「女性を従業員として採用しない」ことを前提としたために出札係の女性がそのまま解雇され、男性三人だけが復職することになった。

この顚末には、各女性団体や女性社会運動家が即座に反応した。赤松明子ら日本国家社会婦人同盟は会社に対し、また堺真柄など社会大衆婦人同盟は従業員を相手として、ともに二月五日、抗議を申し入れた(17)。

実は似たようなことが、これ以前に起きていた。一九三一年(昭和六年)に高群逸枝は次のような文章を発表している。主題は、前章でも述べた目蒲電鉄(現・東急電鉄)の女性車掌の採用と、それに対する男性労働者の反対についてである。

かうした男女不平等の待遇に対し、一般男子労働者が、やゝ冷淡であるといふことは前にいつた。だが、われわれは一歩進んで彼等が屢々迫害的であるといふ事実をすらも認めざるを得ない。

最近目黒蒲田間を通ずる目蒲電鉄会社で、女車掌十四名を採用することになつた。これに対し、姉妹線である東横電鉄従業員を含む目蒲東横従業員組合三百名は反対を唱へ、会社側に女車掌不採用を歎願すると共に、代表者は鉄道省を訪問し、

「この際女車掌の採用は体力の関係上から事故の防止等に不適当なばかりでなく、全国の男子車掌の職を奪ふ重大な結果を招くものであるから、採用不許可を通告されたい。」

と陳情したと伝へられてゐる。(18)

高群はここで、女性労働者に対する男性労働者と労働組合の姿勢を迫害的でさえあると指摘した。確かに、こうした男性労働者の態度は、多くの女性労働者の目には迫害的に映ったことだろう。何しろ生活の必要から女性が働こうとしていることに対して、彼女たちを雇うなと企業に対して主張していたのだから。

ただし、「職を女性に奪われる」という男性労働者の危惧も、まったく根拠がないものではなかった。不況下にあった昭和初期の産業界は、より低賃金の労働力として女性に注目していた。女性に新しい職場が開かれつつあるようにみえた一連の事象は、より安価な労働力を求める産業界の動きが顕在化したものでもあった。

したがって男性労働者たちは、その矛先を女性に向けるのではなく、安価な労働力を求める圧力と対抗するべきだった。彼らは、抵抗すべき相手を取り違えてしまったのである。

6　排斥の動きは東京市電でも

一九三四年（昭和九年）一月に東京市電は、女性車掌採用を決定した。これにともない東京市電は運転手と男性車掌の勤務時間を短縮することも決めていて、「車掌、運転手は平均月二円五十四銭の減収」(19)になると見込まれた。これに対して東京交通労働組合（東交）が反発し、一月二十二日、市電気局に抗議を申し入れた。抗議の対象になったのは、従業員の減収をともなう新規採用の強行だったようだが、同日付の夕刊には「女車掌は困る」（「東京朝日新聞」）、「女性進出を怖る」（「読売新聞」）という見出しの記事が掲載された。東交の抗議が当時、女性採用への反対として受け止められた様子が伝わってくる。

とりわけ「読売新聞」婦人欄の記者は東交の姿勢に反感をもったようで、次に掲げる文章で始まる記事を、後日に掲載した。

さきに東京市電が女車掌を採用することに決定したことは御承知の通りですが、このことは現在働いてゐる男の補助車掌の給与減額を招くといふ理由で、市電従業員組合の東交が執行委員会を招集して反対の気勢を揚げてゐます[20]

この記事は、減収の問題にこそふれてはいるものの、「労使の対抗は一転してまざ〳〵しい男女闘争の形を以て現れて来つゝある」とも書いている。しかも記事の主眼が海外での女性の社会進出を紹介することにあることから推測すると、婦人欄の記者が東交の抗議を女性の進出に対する男性側の抵抗と見なしていたことは確かだろう。

この件については資料がきわめて乏しく、したがって、東交側の主張が実際はどのようなものだったのか、いま再検討することは困難である。しかし、男性中心の社会――男性の利害がすなわち労働者の利害であると理解されうる社会にあっては、女性の社会進出が男性の地位や利益を脅かすものとして受け止められた場合があった、とはいえそうである。

あるいはまた、「女性進出を怖る」といったような見出し記事を掲載する新聞社自体が、当時の労働争議を男女間の職の奪い合いと捉えていたとも考えられる。さらに、世論を形成する一方で読者の気に入られようとする商業紙の性質を踏まえれば、これは読者一般に共有されていた感覚なのかもしれない。

7　車掌に対する会社の密偵行為

ところで、東京市街自動車が車掌に女性を登用するきっかけになったのは、男性車掌による売上金の着服問題だった。この点、実際の成果はどうだったのだろうか。

女性の採用を開始してからしばらくして、新聞は、会社幹部の「婦人は男子から車掌の役を奪ふて更により良き独特の位置を贏《か》ち得たとも言へよう」という言葉を紹介して、次のように述べた。

> 男子が賃金を詐偽する割合は車掌運転手二百人前後で一月尠くて二十件、多い時は三十件以上に達した者（ママ）が、婦人になつてから半ヶ年の中僅に三件に過ぎぬ。正直と云ふ点は女車掌の美点である[21]

正直は女性の美点として、売り上げ着服の問題はこれでほぼ解消したとしている。これはあくまで会社側の見方だが、報道されたとおりであるならば、一応、女性登用の目的は達成したといえるだろう。

しかし、会社の言い分をそのまま信じていいのだろうか。

東京市がバス車掌に女性を採用しはじめたのは一九二四年（大正十三年）十二月のことだが、その翌年一月には、新聞が早くも三人の免職を報じている。うち一人は「東京駅前で乗車賃を胡麻化さうとしたもの」で、電気局は「以後注意して不良者はドン〱処置をとると云つ」たという[22]。だとすれば現実問題として、正直さという点で男女間にそれほど違いはなかったことになる。

疑問点はそればかりではない。戦後も各地のバス会社でおこなわれたことだが、客を装って乗り込む密偵行為もおこなわれていた。次に掲げるのは、市バスで起きたストライキの原因を報じたものである。

自動車部大塚支部に於て昭和七年一月四日遂に密行の防圧に憤慨してストライキを決行した。

原因は一月三日の晩、鬼密行堀田に三名の婦人車掌が強制降車を命ぜられ臨検された二名は十銭余の過剰で一名の本田キヨ君は二円ばかりの過剰金があつた、堀田密行は例によつてこの切洩は盗む目的であつたのだと強制的に始末書を書せ尚此問題に対し立合はんとせる支部代表者に対し暴行暴言の限りを尽した。(23)

繁忙時は、乗り込んできた客に対して次の停留所に着くまでに切符をすべて切ることが難しい。そのために、現金だけ収受するなどの行為によって剰余金が発生しうる。また釣り銭の計算違いなどによって、切符と現金の帳尻が合わなくなることもあった。そうした点を局・会社側は執拗に突いて不正行為と決めつけていたのだった。したがって着服とされた事例のうち、実際に意図的な横領だった例がどれほどあったのか、この点については再検討が必要だろう。

8　身体検査

次に掲げるのは、一九二〇年代半ばの身体検査に関する記事である。

電車や乗合自動車の赤襟嬢は一日の仕事を終へて家に帰る時仕事着をクルリと脱ぎ棄て身体検査を受けることになつてゐるこれは電気局の規定で現金の直接収納をする者は男女を問はず悉くその規定を適用せられ不

正行為のないことを示さねばならぬのだところが若い赤襟嬢だけにその検査をとかくいやがるこれは（略）女性が若い男性を目の前において而も同じ仕事をしてゐるものからはだかにされるのがいやなのだ。[24]

第二次世界大戦後も事業者の間に存続した身体検査をめぐる問題が、このときすでに立ち現れていたことがわかる。「都バスの車掌が帰るまえに営業所の風呂にかならず入るように義務づけられているのは、その間に衣類をしらべるためだし、私バスでは任意にいつでも検査を受けねばならない」[25]と村上信彦が書いたのは一九五九年だが、売上金着服に関して車掌を疑って屈辱的な検査を受けさせる制度は、二〇年代にはもう存在していた。というよりも、前章で述べたとおり馬車鉄道時代には身体検査場の存在がうかがわれるので、都市交通の登場から続いた制度が東京市のバス・電車へと受け継がれ、またほかの事業者へと波及し、戦後に至ったものとみるべきだろう。車掌による勤務中の私金所持は厳重に管理される。うっかり所持していようものなら仕事のあとの検査で、着服などの不正を疑われるのだった。

後年のことになるが、一九六〇年に大阪市交通局労働組合青年婦人部がおこなったアンケート結果を、正木鞆彦がリポートしている。それによれば、三七パーセントが「パンティやブラジャーの中へ手を入れて」調べられるという経験をしていた。[26]六三年には神戸市交通局で、所持していた私金を着服したものと疑われた女性車掌が検査員による長時間の取り調べを受けたあと、遺書を残して自殺するという事件が起きている。憲法によって個人の人権が保障されているはずの時代でさえこのようだったことを考えれば、二〇年代から四〇年代には「身体検査」という名目でどれほどの人権侵害がおこなわれていたか、想像するにあまりあるというほかない。

9　植民地の女性車掌

戦前期の少数者について語るときには、外地、すなわち植民地についても述べておかなければならないだろう。しかし朝鮮や台湾、樺太など植民地に関する資料は内地以上に乏しく、また筆者の不勉強もあるため、ここで概括を試みることは困難である。

それでもいくつかの例を示しておきたい。朝鮮では、一九三〇年代前半には京城府営バスで女子車掌を採用していたようだ。だがそれは都市部の市内線に限られた。郊外や都邑間を走るバスは七人から八人乗りの小型車両を主として使用していたため、車掌は乗せずに運行していたらしい(27)。

また満洲国では、営口水道電気が経営する営口水電バスが、一九三三年に女子車掌を試験的に採用している。その働きぶりがよかったため、営口市内線はゆくゆくはすべて女子車掌とする計画があったようである(28)。

わずか二例から全体を推測することはかなり乱暴だが、内地同様に、植民地にあっても女性車掌の導入が図られていたとみることは可能だろう。どこで、いつごろ、どのような人々が車掌として乗務するようになったのか、詳細については将来の知見を待ちたい。

ただ、京城市電については詳細なレポートが得られたので、ここで言及しておきたい。

京城帝国大学の教授を長く務めた安倍能成は、随筆家としての顔ももっていた。彼は、勤務地である京城にまつわる随筆もいくつか書いた。そのなかに、一九三六年に京城市電で働いていた女性車掌についての貴重な報告ともいえる作品がある。「京城より（一）」と題したそれは、当時の京城を走っていた市内電車での、朝鮮人女性車掌の働きぶりを伝えるレポートでもある。少し長くなるが次に引用する。

京城の電車の車掌は皆朝鮮人ばかりで、それも普通は男だが、ボギー車には補助として十五六位の少女の車掌が居る。可憐な乙女がかうした職業を元気にやつて居るのは、側から見ても健気で気持が好い。内地の車掌よりも御苦労なことの一つは、初に国語でいつてもう一つ朝鮮語でそれを重ねることである。

今朝の少女車掌は確かに新米であつたが、活潑な娘であり、初めて仕事に就いた歓喜をも見せて一所懸命にしやべつて居た。それが一々教へられた通り忠実にやるから、詞の省略がなくて慣れた車掌より大分長い。その間にもせはしなく「唯今お乗りの方は御面倒ですが切符をお切らせ下さい」と一々ことわつては切符を切る。それから「唯今信号が出ましたから止まります。」「お待遠さま、曲りますから御注意下さい。」と、これも亦一々克明に国語に朝鮮語を添へていふ。その中停留場が来る。飛んだ所を「三越前」などといひ誤る。それを気づいて二三度言ひ直すけれども具合よく出て来ない。訂正を終らぬ内に電車はそこを通り過ぎる。上り口の硝子戸の方に向いて顔を紅くして気まりわるさうに笑つて居る。後見の姉車掌も叱りもしないで笑つて居る。私も何だかほゝゑましくなつた。二十分ばかりして下りる時には、少女の声は少しかすれかかつて居た。この無邪気らしい少女も仕事故に苦労するなと思つた。もう一月もすれば、声と詞の惜み方も自然覚えて職業化して来るだらうが、京城の電車は東京の電車やバス程烈しくないせゐか、女車掌の声の機械化も東京程ひどくない。(29)

この随筆の末尾には、「昭和十一年九月二十八日」という日付がある。このことから、一九三六年秋に京城電気の電車のボギー車両には客扱いをおこなう補助車掌として女性が乗り組んでいたこと、そして見習のうちは先輩車掌がともに乗り組んでいたことがわかる。

また、車内の案内では日本語を使用していたこと、朝鮮語の案内は日本語に続けて添える、いわば従の位置にあったこともわかる。しかしその事実について、安倍は「初に国語でいってもう一つ朝鮮語でそれを重ねる」「国語に朝鮮語を添へていふ」と表現する。朝鮮にいながら、その地で日本語が「国語」として扱われることについて、また車掌の第一に用いる言葉が朝鮮語でないことに対しても、彼は不審を抱かない。

それがたとえ職業上の決まり文句ではあっても、二つの言語を使い分けることは、安倍が書くように「内地の車掌よりも御苦労なこと」である。もしかすると京城にいたほかの日本人がそのことについてまったく顧みなかったかもしれないことを思えば、当たり前のことにせず、その事実に気づくだけの見識が安倍にはあったということもできるだろう。

しかし彼の認識はそこで止まってしまう。そして、日本の植民地支配を受ける京城に日本資本の電気軌道が走り、そこで働く労働者が「国語」として日本語の使用を強いられている現実については、何の疑念も抱かない。京城を走る電車の車掌が用いる言葉には、明らかに支配と被支配の関係が表れていた。しかし安倍は、そこにある帝国主義的な矛盾には気づいていないか、もしくは気づかないそぶりを見せる。それどころか、支配を受ける立場にある者の不慣れなさまに対してほほ笑ましささえ覚えてみせる。

安倍は、十五、六歳にみえる「可憐な乙女」の労働を「元気にやつて居るのは、側から見ても健気で気持が好い」と述べる。この安倍のまなざしには、単に市電の乗客であるというだけでなく、男性であるという優越的意識もうかがえるだろう。

また彼は、女性労働者が仕事のために発する声についても、「女車掌の声の機械化も東京程ひどくない」と書いてみせる。

東京ではひどいと安倍がいう、機械化された女車掌の声とはどのようなものか。

安倍は同じ随筆で次のように書く。「職業上使用しなければならない声を、極度に小量のエネルギーを以て出すといふ必要に促された製造物」であり、「さうしてこの機械的な声に女らしい気取りのくつつけられて居るのが、聞いた耳に余り愉快でない。多くの女車掌の中には職業と人間とがぴつたり合つた美しさ健気さを見せるのがあるやうに、その声の中にもこの機械的な声量経済の下に人間的な感情を失はないのもある。併しそれはやはり少い[30]」。

それが「職業上使用しなければならない」「必要に促された」声であることは、安倍自身もわかっている。問題は、その先にある。わかっていながら彼は、「声量経済」について対処を迫られる労働者の声に美しさやけなげさ、人間的な感情まで求める。だがそれらははたして、市電の車掌の職務に必要欠くべからざるものだろうか。あるいはもし車掌が男性だったなら、彼はここまでその声に干渉しただろうか。

京城市電のなかでは、女性車掌と安倍能成の間にいくつもの関係性が表出していた。それは男性と女性、乗客と電車従業員、そして植民地の支配者の日本人と被支配者だった朝鮮人という何重にもわたる関係であり、いずれの関係でも安倍は優越的な地位にあった。「京城より（二）」は一九三六年の京城市電に関する貴重な報告だが、それは同時に特権的な立場から観察され、もたらされた報告でもある。このことは忘れてはならないだろう。

注

（１）「英露婦人の活躍振り」「読売新聞」一九一七年五月二十五日付
（２）前掲『明治日本労働通信』四一九ページ
（３）片山潜／西川光次郎『日本の労働運動』（岩波文庫）、岩波書店、一九五二年、一一三ページ
（４）与謝野晶子『人間礼拝』天佑社、一九二一年、七八ページ
（５）成瀬正雄『自称無産階級者に告ぐ・純正与論の喚起法・天下の婦女子に一言す』智仁勇社、一九二五年、七九―八〇ページ

（6）神木鷗津『婦人問題の解決』神木猶之助、一九二三年、一五九ページ
（7）「女の腕 5 過激な肉体労働に耐え誘惑にも反抗して女車掌の鈴木ふきさん」「東京朝日新聞」一九二四年一月二十七日付夕刊
（8）「酔つたお客は「お父さん」」「東京朝日新聞」一九二五年一月三日付
（9）同記事
（10）「女車掌に怒鳴られてステッキでなぐりつく」「東京朝日新聞」一九二六年五月二十五日付
（11）高信峡水／谷口武『デエリー新文化語辞典』啓明社、一九二六年、七二―七三ページ
（12）中山由五郎『モダン語新式辞典』文啓社、一九三三年、一二ページ
（13）婦人職業研究会編『小学校卒業の女性のための女子就職の手引』三友堂書店、一九三四年、五一ページ
（14）「日米モダンガールエロ〳〵集」、小山湖南編『これ一つで何でもわかる――附録付・モダン語と新主義学説辞典』所収、松寿堂出版部、一九三一年、一八ページ
（15）村上信彦『大正期の職業婦人』ドメス出版、一九八三年、一七二ページ
（16）「女軍の進出には首をかけて反対」「東京朝日新聞」一九三三年二月三日付夕刊
（17）「女の賃金が安過ぎる」「東京朝日新聞」一九三三年二月六日付
（18）高群逸枝『婦人生活戦線』（新女性叢書）、宝文館、一九三一年、二五八―二五九ページ
（19）「女車掌の対策 東交近く協議」「東京朝日新聞」一九三四年一月二十一日付夕刊
（20）「労使の対抗から男女闘争へ 男子の領域への女性の進出ぶり」「読売新聞」一九三四年一月二十九日付
（21）「半年間に三組の夫婦が」「読売新聞」一九二〇年六月三十日付
（22）「円太郎の女車掌 三名免職さる」「東京朝日新聞」一九二五年一月十三日付夕刊
（23）東京交通労働組合『昭和七年度 大会議案並報告書』日本交通労働総連盟東京交通労働組合、一九三二年、五五ページ
（24）「男の前で女がはだかの屈辱」「読売新聞」一九二六年五月二十九日付

(25) 村上信彦『紺の制服――バスの女子車掌たち』(三一新書)、三一書房、一九五九年、一三四ページ
(26) 正木鞆彦『バス車掌の時代』現代書館、一九九二年、一七二ページ
(27) 南満洲鉄道株式会社経済調査会編『朝鮮に於ける自動車運送事業に就て』南満洲鉄道、一九三三年、二〇八ページ
(28) 南満洲鉄道株式会社経済調査会第三部編『満洲に於ける自動車交通事業に就て』南満洲鉄道、一九三四年、四二六ページ
(29) 安倍能成「京城より(一)」『朝暮抄』岩波書店、一九三八年、四六二―四六三ページ
(30) 同書四六三ページ

コラム　ソビエト連邦の女性鉄道員

ソビエト連邦では就業に関して早くから男女平等がある程度実現されていただろう、したがってソ連の鉄道ではさぞかし多くの女性従業員が働いていたのではないか、と想像していたが、いざ調べ始めてみると、その実態がよくわからない。

ただし、男女平等が進んでいたと考えるのは、筆者の勝手な想像であるようだ。というのは、就業を禁じる職種をめぐって、次のような情報が日本にもたらされているからである。

一九三九年四月十日附連邦労働人民委員部決定中には特に困難且有害なるに付婦人の就業を許さざる作業又は職業が列挙されて居るが、右は制定後長年月を経過せるにも拘らず未だ曾て再検討を試みられたことなく今日に至りて唯ゼー・トロイツカヤの如き優秀なる婦人機関士が我鉄道運輸界に出現して初めて右職業は事実上前記の禁止表より削除せらるゝ旨の説明が与へられたることあるのみである。(1)

ソ連には、「困難且有害なる」ために女性の就業が許されていない作業または職業があった、というのである。しかもそれは制定後に長い年月が経過していたというから、就業機会が男性にも女性にも平等にあったとイメージするのはおそらく間違っていて、むしろ母性保護による就業禁止もおこなわれていたと考えるべきなのである。しかし、このころに「優秀なる婦人機関士」の登場によって、就業禁止リストから機関士が削除されることになったというのだから、リストの一部は有名無実化していたのだろう。

ともあれ、この記述が正しいとすれば、ソ連では一九三〇年代末に女性の機関士が登場したと考えることができる。だとすれば、世界でも早い時期にソ連では女性機関士が誕生したことになる。筆者の狭い見聞では、その時期に機関車を運転する女性がほかにいたという話は聞いたことがない。

一九三九年、外務省の「露西亜月報」は、ソ連共産党機関紙「プラウダ」一九三九年十月二十四日付から次の記事を拾っている。

交通人民委員部ニ於テハ鉄道運輸諸部門ノ女子従業員養成計画ヲ確認セルカ第四・四半期ニ於テ鉄道全線及全運輸企業ニ於テ主トシテ鉄道現業員ノ家族中ヨリ六八、五〇〇人ノ婦女子ニ対スル講習カ組織セラレ右講習ハ機関車機関手四五〇人、同助手三、一二五人停車場当直員六、〇六五人等ノ養成ヲ目的トセルモノニシテ講習所又ハ社会主義労働職人学校若ハ個人的ニ行ハレ居レリ

因ニ昨年度モ右同様ノ講習会組織セラレ二七、〇〇〇人ヲ養成セルカ本年度ハ前記六八、五〇〇人ノ外更ニ三万人ヲ年末迄ニ養成スル予定ナリ[2]

一九三九年といえば、ドイツがポーランドに侵攻して第二次世界大戦が始まった年である。ただし、戦争が大量増員と関係あるのかどうかは不明だ。しかし理由はどうあれ、このころには女性鉄道員の大量増員に踏み切っていた様子がうかがえる。

そして一九四二年には、バイカル以東の極東四鉄道局（沿海、極東、アムール、モロトフ）の約五千二百キロに限っても「従業員数は十万人以上と推定され、婦人従業員も多く、殊に独ソ開戦以後は婦人駅長、婦人機関助手、婦人助役、婦人転轍手、婦人電信手、婦人火夫等が急激に増加し、その数七千余に及ぶといわれる[3]」と報告されるまでになった。

のちに内閣総理大臣になる宇野宗佑は、シベリアに抑留されていたとき、収容所から収容所へと鉄道で移送される途中、とある駅に降ろされた。そして冬の深夜、体を温めるために始めた焚き火を、女性の駅員に見とがめられてすぐさま消されてしまい、引率のソ連軍少尉に交渉を要求した。

やがて白い扉の中では何か罵るような声が聞える。けれど少尉の声は全然聞えない。女だけがガミ〳〵扉を破るような声を上げてゐた。……もの丶二分とた丶ぬ間に少尉は出てきた。ひと目みて悄然とした姿である。

「駄目だ！　飽きらめろ！」

彼は首を横に振る。「ナニー　どうしたのだ。」私等はどつと詰めよつたが、彼は抗つても仕方がないと云つた姿で、「こ丶は駅だ！　俺は少尉でも、かの女の言に従はなければならない。お前達は体操でもやつて身体をあた丶めろ！」(4)

たとえ相手が女性でも、職権を前にしては、将校といえども抵抗できない。このとき日本人捕虜は、つくづくそのことを思い知らされたのである。そしてそれが、おそらくソ連の鉄道を動かす原動力の一つでもあったのだろう。

注

(1) 欧亜通信社編『昭和一七年版 日露年鑑』欧亜通信社、一九四二年、七〇〇ページ

(2)「女子鉄道従業員養成」「露西亜月報」第七十一号、外務省調査局、一九三九年、一八九ページ

（3）日蘇通信社編『蘇聯邦年鑑　一九四二年版』日蘇通信社、一九四二年、三〇八ページ
（4）宇野宗佑『ダモイ・トウキョウ』葛城書房、一九四九年、八二―八三ページ

第6章　アジア太平洋戦争期の国鉄と女性職員——新潟鉄道局を例に

1　なぜ新潟鉄道局に着目するのか

アジア太平洋戦争の時期、日本の国有鉄道は、鉄道局という地方機関をもっていた。鉄道局は北から順に札幌、仙台、新潟、東京、名古屋、大阪、広島、門司があり、戦争末期には、広島鉄道局から分かれて四国鉄道局が誕生している。そして鉄道局の下には管理部があり（一九四二年以降。それ以前は運輸事務所・保線事務所）、さらにその下部組織として、駅や機関区といった現業機関があった。

それらの鉄道局のうち、本章では、新潟鉄道局に着目して、戦時体制下の女性職員をめぐる動向——採用状況や彼女たちについて何が語られたのかをみていく。なお新潟鉄道局の下部組織として、秋田管理部、山形管理部、新津管理部、長野管理部があった。それぞれの管轄は、行政単位の秋田県、山形県、新潟県、そして長野県北部におおむね相当する。

特定の鉄道局に調査対象を絞る理由は、事例を漫然と全国から拾い上げる方法では不正確な全体像を結んでしまう恐れがあるからである。県紙など地方で発行された新聞資料をもとに調査を進める場合、現存資料に恵まれない地域もある。それならば、地域を絞って、時系列で追っていったほうが正確な結論が得られる。地域を限って資料を集めるのであれば、中期的な視野に立った変化をみるにも適しているだろう。また、たとえ地域を絞って調査しても、国鉄の内部のことではあるから、ほかの地域とかけ離れた実態ではないと思われる。そして鉄道局を単位とすれば、それは複数の県にまたがる機関だから、ある程度のボリュームを保ちながら、事例をすくい上げることができそうである。

新潟鉄道局に着目するのは、依拠する新聞資料の残存状況を考えてのことである。地方紙は戦時下の新聞統制で一県一紙体制になったが、全都道府県の新聞紙面がすべて残存しているわけではなく、また、どこでも閲覧できるという状況にはない。しかしそのなかにあって「秋田魁新報」（秋田県）、「山形新聞」（山形県）、「新潟日報」（新潟県）、「信濃毎日新聞」（長野県）の四紙は、欠号がないか、あっても非常に少ないという、比較的良好な状態で現在マイクロフィルム化され、国立国会図書館で閲覧可能な状態にある。そしてこの四県紙の購読地域を合わせれば、新潟鉄道局の管轄地域に相当する。つまり新潟鉄道局に限っては、管轄地のほぼ全域をカバーするだけの新聞資料に恵まれているのである。言い換えれば、欠号が多い新聞や残存状況に難がある新聞を管轄地域に抱えるほかの鉄道局とは異なり、新潟鉄道局なら、より遺漏なく管内の新聞をみていくことができるわけである。

なお、新潟鉄道局管内であっても車掌業務については別に章を起こしたので、基本的に本章では深くは立ち入らないものとする。

2　思想教化運動から始まった戦時体制

日中戦争が勃発したあと、新潟鉄道局でみられた女性職員にまつわる最初期の動きは、国民精神総動員運動（精動）への即応だった。一九三八年（昭和十三年）六月には、「非常時に処する緊張した心構へは先づ服装と態度から（略）女子職員の華美な服装と、「パーマネント」征伐に乗出すこと」[1]とし、和服で登庁する場合は必ず袴を着用すること、洋装の場合は華美軽薄にならないよう注意することという達しが出された。

見方を変えると、新潟鉄道局では当時、パーマネントや洋装で、あるいはまた和服であっても軽装で出勤する女性職員がいたということである。パーマについては、先の記事にも「パーマネントウエーヴの流行が本局を風靡せんとする傾向だ」とあり、このころ新潟鉄道局に勤務する女性職員の間でかなり流行していたことがうかがえる。

しかしそのことに対して、「この非常時下、国民精神総動員運動の趣旨に背反し（略）家庭方面からも〝華美を競ふ〟結果経済上困るとの苦情や希望も飛出し」[2]たという。一九三七年（昭和十二年）には、第一次近衛文麿内閣のもとで始まった国民精神総動員運動が、精神作興運動の一環としてパーマネント禁止を打ち出していた。それにもかかわらず、新鉄局に出勤する女性の間ではパーマネントが「風靡せんとする傾向」にあったわけである。それは当の職員にとって美や機能性を求めた結果であって、本来は第三者が容喙することではない。しかし、「挙国一致」や「尽忠報国」「堅忍持久」などのスローガンを掲げた精動と密接な関係にある当時の国の現業機関として、それではまずいということになったのだろう。洋装やパーマは機能的だが、「日本精神」を前面に押し出す思想統制運動下では、否定されるべき外来のスタイルであり、排撃されるべき贅沢だったわけである。

また新潟鉄道局がわざわざ対策に乗り出し、そしてそれが記事になったということは、同局に働く女性のパーマネントや洋装がそれだけ人目を引くものだったと考えられる。新潟鉄道局が対策に乗り出した背景には、パーマや洋装を快く思わない周囲の人のまなざしもあったのではないだろうか。

新潟鉄道局を舞台とした国家的な思想教化運動は、もちろんパーマネントや洋装に対する注意では終わらなかった。近衛内閣による新体制運動が始まって間もなく、一九四〇年（昭和十五年）八月一日には、新潟鉄道局本局在勤のおよそ百三十人の女性からなる新鉄女子青年団が結成された。目的は「婦徳の涵養、体位の向上」とされ、その活動内容は「業務研究、精神修養、勤労奉仕、運動競技又は徒歩旅行、園芸または健全な娯楽、家事の研究[3]」と多方面にわたっていた。一見するとレクリエーションを交えながら修養にいそしむ団体のようにみえるが、婦徳と体力の向上を目的としていたのだから、活動内容も新体制運動に沿ったものだったと推測できる。

女性従事員の職域が本格的に拡大するようになったのは、一九四一年（昭和十六年）春からのようだ。その前年十二月に、次のような報道がなされているからである。

新鉄局では新体制の臣道実践の一つとして従来国鉄の仕事はタイピスト、電話交換手、事務員位に限られてゐた女従業員の範囲をこの際拡張し女の手で出来得る限りの現場業務を分担することになり（略）差し当り現在の女従業員に対しては研究する一方、明春採用の新規の女従業員から男の職場へも進出すべき予定のもとに募集することになつたので、いよ〳〵近く女現場員が颯爽と登場することにならう[4]

これは新体制運動のブームに乗じたもので、「臣道実践の一つ」として現場従業員に女性をあてようとしたものである。新聞紙面をみるかぎりでは、このころはまだ、男性職員の出征や軍属としての派遣による人員減の影響は小さいようである。少なくとも報道をみるかぎり、女性職員を男性の代替とする動きは、このときはまだみられない。

3　一九四三年、女性が目立って増加しはじめる

一九四三年（昭和十八年）になると、男性労働力の代替とされる女性職員に関する記事がみえはじめる。次に掲げるのは四月の記事で、太平洋戦争の勃発を挟んで、新潟鉄道局の管下に勤務する女性が増加しつづけたことが読み取れる。

新潟鉄道局では応召の外大陸南方方面へ鉄輪戦士として進出する職員補充に女子を大量に採用予期以上の能率をあげてゐる。（略）事変が進展するに伴つて婦人の職場進出は目覚ましく昭和十六年には百八十六名になり大東亜戦二年目の現在では二百九十五名の婦人が繊手に全力を打込んで決戦下の職場を守つてゐるこのほか同局山形管理部に於ても昨年四月から女学校出身の十八歳から十九歳のうら若い乙女を採用して管内主要駅の出札、改札、要務及び案内係等に採用してゐるが現在三十三名の乙女職員は男子の経験者に劣らぬ成績をあげてゐる(5)

ただし、改札に女性を採用しているという記述は、記者の誤りかもしれない。というのも、「女の出札掛に呼応して改札掛へも出陣させやうと山形管理部では県下から二十二名の若い女性を集めて予備訓練に余念がない（略）きのふ九日晴れの修了式が行はれけふから直に戦列へ参加するのである(6)」と報じているのが、ここに掲げた記事よりも遅い同年十月十日だからである。そもそも国鉄での改札への女性採用は、男性の就業制限を受けて

おこなわれたものである。一九四三年(昭和十八年)九月二十三日、政府は「国内必勝勤労対策」を閣議決定した。事務的職業や商業的職業で比較的軽易と思われる十七種の職種について、女性または四十歳以上の男性が遂行可能であるとして十四歳以上四十歳未満の男性の就業を制限・禁止したのである。その禁止職種に改札も該当したため、男性改札掛がこのとき、全国的に女性へと置き換えられたのである。

ただしこれは国鉄の話で、私鉄ではそれに先行する事例がみられる。たとえば京阪電気鉄道では、軍需景気による男性の求人難や職員の応召に対応するため、一九三八年(昭和十三年)五月十五日に女性四十四人を改札掛として配置している。(7) 改札への女性採用に関しては、むしろ国鉄は遅いほうだったといえるかもしれない。

また十月十日には、出札に関して、「国鉄従業員として女子の出札係が山形駅に出陣してから早一年、現在ではれつきとした出札係として県都の門をがつちり守つてゐる」(8) という記事もみられる。単純に逆算すれば、山形駅で出札掛に女性を用いだしたのは四二年(昭和十七年)ごろということになる。

また十二月二十二日の記事には、「女子駅員を大量に採用した新潟駅の風景は実に逞しい、現在活躍を続けてゐる女子駅員は出札五人改札五人、電信科十人、駅務科五人の計二十五人」とある。同記事によれば、新潟鉄道局管内の女性職員の数は、次のように推移したという。

九月　一四〇名
一〇月　二二九名
一一月　二五〇名
一二月　二五三名(二二日現在)(9)

この数字を踏まえれば、一九四三年(昭和十八年)の秋以降に目立った増加がみられたことになる。これがどの程度正確な数字だったのか今日では確かめようもないが、国鉄全体でも年次ごとに女性職員が増加していた時期なので、大きく誤ってはいないと思われる。

4 「親切」を要求される現場

一九四四年（昭和十九年）、国鉄奉公会は「国鉄女性の歌詞」を全国鉄の女性を対象に募集。四月六日に当選者を発表したが、応募三百五十作のうち、一等二等ともに新潟県内の従事員だということが話題になった。その一等当選者に関する取材記事には「上越線越後中里駅手、小林節子（一九）さんは昭和十六年三月南魚湯沢村国民学校高等科卒業後家事の手伝ひをしてゐたが昨年十月進んで輸送増送の決戦場たる同駅に勤務することになつた」[10]とあるので、職を替えて国鉄に入り勤務する女性従事員がいたことがうかがえる。なおこのとき当選した歌詞は、出征した兄をしのびながら国鉄に働く女性の姿が模範的に歌われている。歌詞からは、女性職員が乗客や貨物のために仕事をしているというよりも、国家そのものを背負う存在とされていた様子が伝わってくる。このことは、国鉄が戦争中、陸・海軍に準じた重要な国家的機関だったことも示している。

四月二十六日には、「新鉄局新津管理部第三駅聯区（信越線押切、羽生田間）弥彦線（北三条、越後長沢間）各駅の女子駅員七十三名は（略）鉄道女子青年団結成式」[11]を挙行したと新聞が報じている。当該区間の駅数は合計十四駅なので、報じられた区間ではこのころには、平均して一駅あたり五人強の女性職員が配属されていたことになる。

さて五月には、次のような記事が紙面に載った。これは羽越本線村上駅の事例である。

村上駅では改札をはじめ女子に代替される部門は総て女子従業員に切替へたので駅の呼称や出札の窓口にも優しい村上なまりが聞えるが最近旅客の乗車制限による窓口の混雑もやはらかい応対でいざこざが起きず〝旅客の応対には女子の方がうんと効果がありますヨ〟と西沢駅長もニコ〱顔である[12]

女性従事員が感情労働の担い手として扱われている構図が見て取れる。文中には「乗車制限」とあるが、このころになると一般の旅行が制限されるようになっていたので、いらだつ乗客との紛糾を未然に防ぐため、現場ではより一層、感情の管理が必要とされただろう。

ほぼ同じころ、奥羽本線山形駅の出来事を伝える次のような記事もある。

> 出札二時間も前から、否それ以上も前から切符を買ふ旅行者がズラリ列を作つて並んでゐる、なか〱窓口は開かない。しびれを切らした先頭の一旅行者が閉された窓口を叩いたら中から勇ましい？　女の声「ウルサイワネツ」これは或日の山形駅の出札窓口風景である……
>
> （略）
>
> 明朗化の隘路は近きにある即ちあの制服を着ると十五六の少年でも少女でも運通省〔運輸通信省の略：引用者注〕のお役人様になるわけだが、その制服を心にまで着てゐるからトタンにお偉くなつてしまふのだ、（略）駅長さん、助役さんは列車を動かしたり止めたりするだけでなく部下の心にもチョイ〱ブレーキをかけてやることが必要だらう[13]

記事は乗客の立場をとりながら、出札掛の感情を管理するよう国鉄に求める内容になっている。窓口が開かない時間から行列を作らなければ乗車券が買えないという事態が生じていたのだが、そうした旅客に対して、窓口の応対が冷たいというわけである。
このような事態が全国的に起きたことを受けて、国鉄は一九四四年（昭和十九年）六月一日から総親和運動を開始した。現場従事員は客に対して笑顔を絶やさず親切にしようという運動である。しかし、その運動のさなかに女性出札掛の次のような声が新聞に出ている。

折角並んで頂いても途中で売切れになつたお客様の顔を見るのがほんとに辛くて、そんな時は制限が怨めしくなります、発車時間の間合はたいてい計算をやつてますが、その最中に窓を叩かれるのが一番困ります、途中でやめるわけにもゆかず、それでもしつこく叩かれるのでこちらもいらいらして結局計算を間違へてやり直しです、それに噛みつくやうに窓口で怒鳴られると私なんかもう口がきけなくなります、まだ馴れないせいでせうがそんな時に限つて不足になり弁納金を出すのが多いのです、切符の割当枚数を多くして貰ひたい気持ちで一杯です(14)

乗客と窓口のいざこざは、もとはといえば旅行制限や乗車券の発売制限に原因があるのだから、窓口の態度の「悪さ」に責を帰すような対策では根本的な改善はできなかったはずである。総親和運動は現場ばかりに負担を強いる、所詮は弥縫策にすぎなかった。
しかしそれでも国有鉄道の地方機関は、「親切」の管理を強化する方向に進んだ。たとえば次に掲げるような、秋田管理部の例がある。

出改札、案内等に従事してゐる乙女達の旅客に対する親切心を昂揚させるため秋田管理部の長崎旅客主任らが随時管内各駅を旅客の如く装つて査察し厳重なる採点によつて指導することになつた（略）駅の女は一般に女らしくないと誤解されてゐるので今後旅客課で随時査察し採点の上不親切な乙女が勤務してゐる駅をば他のいかなる点で優良であつても優良駅として表彰せぬことになつた[15]

「旅客の如く装つて査察」とは、密偵もどきの行動である。仮に不正を取り締まるためであっても不適切だろう。しかし秋田管理部は、乗客に接する現場が親切であるかどうかを、こうまでして試したわけである。戦時下に労働現場の感情の管理は、ここまで徹底された。

5　線路工手にも女性を充当

現業部門での女性の採用は、出札口にとどまらなかった。一九四四年（昭和十九年）二月には、秋田県院内に、三人の女性線路工手が登場したことが報じられている。記事の一部を掲げよう。

前線は死闘を続けてゐる戦局はいよく苛烈だ女も武装せよそして戦闘配置につけの声に応へ増送の鉄路を守る女線路工手として奥羽本線院内駅に三名の決戦女性が颯爽と登場した、この女鶴嘴戦士は（略）夢多い青春を戦力増送の兵器＝鉄路の修理建設に捧げて〝勝利の日までは〟と白粉も口紅も忘れた彼女たちは（略）猛吹雪と闘ひながら鶴嘴を揮ひ鉄路建設のため両の掌は肉刺が破れて血がにじむ敢闘をつゞけるのだ[16]

記事に書かれた三人は十八歳から二十一歳の女性で、文中「鉄路の修理建設」とあるように、線路工手として保線などに携わった。「夢多い青春を戦力増送の兵器＝鉄路の修理建設に捧げて〝勝利の日までは〟と白粉も口紅も忘れた彼女たち」と書かれた記事からは、化粧どころではなかっただろう線路工としての重筋労働の厳しさが伝わってくる。同時に、若い女性といえば夢と化粧に回収しようとする当時の人々の女性観も垣間見える。

次に引用するのは新潟鉄道局ではなく仙台鉄道局のものだが、女性線路工手だった人を集めて聞いた話をまとめたものである。線路工手の仕事の厳しさが伝わってくる。

彼女達の仕事内容は男と大差なかった。

レール更換、マクラギ更換はもとより、ふるい分け作業もやった。唄は歌わなかったがビータでタンピングもやったという。やらなかったのはレール担ぎぐらいだった。男の職員でも手を焼く程の固い犬クギを、涙を流しながらも歯を喰いしばって抜いていたと、職員が思い出して語った。

（略）

除雪作業は只見線のような豪雪地帯では大変な重労働である。身長の二倍も三倍も上にスコップで雪を投げ上げなければならなくなる。また女といえども職員であるから、男の除雪人夫をも監督して作業をやらせなければならなかった。(17)

先の新聞記事には「鶴嘴戦士」という言葉が出てきたが、鉄道ではツルハシをビータと呼んでいた。「ビータでタンピング」とは、重いツルハシを振るって線路の砂利を突き固める作業を指す。そのほかにもレールや枕木などの重量物の交換作業をしたという。まさに重筋労働である。

また「ふるい分け」というのは、線路の砂利をふるい分ける作業である。線路の砂利をバラストというが、そのバラストの隙間にごみや土砂、またバラストの細かい破片がたまると、やがて排水が悪くなり、そのことから軌道に狂いが生じる。そうした弊害を防ぐために、敷設されているバラストをふるい分けて、余計なものを取り除くのである。戦後は機械化も進んだが、当時は手でふるい分けていて、かなりきつい作業である。これらの重筋労働に服す女性線路工手が、一九四四年（昭和十九年）の初めごろには登場していたのである。

6　深刻さを増す要員不足――一九四四年後半以降

一九四四年（昭和十九年）も半ばを過ぎると、要員不足は深刻さを増してきた。次の記事は、八月のものである。

男子は重要労務へ女子はその後を承はらせるべく秋田管理部では車掌、機関区員、保線区員に大量の女子を就役せしめてゐるが今度は駅務掛に電信も改札も出札も、はてはポイント返しもと一人八役といわれる中間駅の駅手を女子に代へんと管内女学校出身従業員より約三十名を選抜十五日より明春一月十四日まで五ケ月間にわたり女子駅務掛養成を行ふことになつた(18)

比較的少人数でさまざまな業務をこなさなければならない駅でも人手が足りなくなり、女性の手が必要になっていたことがわかる。また八月十九日には、信越本線高田駅で、二人の女性連結手が実務見習を開始したことが報じられている(19)。

戦時下の女性の雇用と配置に関して、新潟鉄道局の特徴的な取り組みは「模範女子管理駅」の指定だろう。これは駅長や助役、あるいは指導的地位にある者を除いた駅員をすべて女性にしようとしたものである。一九四四年（昭和十九年）九月一日から二十日までを準備期間としてその間に訓練などをおこない、二十一日から女性ばかりで駅を動かすことにした。この模範女子管理駅には、長野管理部では戸倉、岩村田、北松本、高田の四駅[20]、新津管理部で亀田、三条、来迎寺、中条の四駅[21]、山形管理部は赤湯、上ノ山（現・かみのやま温泉）、羽前大山の三駅[22]、また秋田管理部では湯沢、大久保、大曲、羽後本荘の四駅が指定された[23]。湯沢駅についてふれた記事を次に掲げてみよう。

駅長、助役、構内手などの特殊な職種を除くほかは全部女だけの従事員とすることになり、女子駅員二十五名を採用し指導組織要綱確立の上（略）徹底的な訓練を施し実務に慣熟させ取扱ひに対し万が一の過誤もなからしめんと豆田駅長指揮のもとに女子の転轍手、信号担務者、連結担務駅手を対象としてこれに必要な学科実務の一切を手ほどきして技倆に一段の磨きをかけ〝我こそは日本一の模範女子管理駅〟建設せんと最後の仕上に猛訓練をつんでゐる、これによつて男子要員十名を浮ばして管内各駅の転勤せしめることが出来るのでその成果は注目されている[24]

一九四四年（昭和十九年）の夏以降ともなると、男性労働力に対する求人難が深刻さを極めた。国鉄は男性労働力を確保する手段として、女性を積極的に配置したうえでそのために手が空いた男性労働力を捻出する、という方法に頼らざるをえなくなっていた。模範女子管理駅は、単に女性を採用するためのものでなく、男性労働力を確保するための窮余の一策だったわけである。

では、模範女子管理駅自体の成績はどうだったのだろうか。羽越本線大山駅は十一月に、「昭和十三年十二月廿九日から本年十月廿八日まで二期間運転責任事故皆無の良成績を挙げたので富山新鉄局長から表彰[25]」されている。

7　男性化を求められる女性職員

アジア太平洋戦争期、日本は極度に軍事化が進んだ。そのために社会は、兵士＝男性を中心とする前線と、女性が大きな役割を果たす銃後に分かたれた。しかし戦争も末期に近づくと、女性の働き方や行動も男性的であることが求められるようになる。国鉄では、それは組織や規律の軍隊化として現れた。たとえば一九四四年（昭和十九年）十二月には、秋田県の湯沢駅に関して次のような記事が新聞に掲載された。

湯沢駅では決戦輸送の完璧を期するため駅の軍律化を目指し全駅員に対する服装の整備と相俟つて今回〝軍律化湯沢小隊〟を編成隊長豆田駅長、副隊長佐藤助役のもとに第三分隊第五班に分け岩田、沢田佐藤三助役を分隊長としまづ軍律の基本たる敬礼を各班別に徹底的な訓練を施し規律ある正しき作業によつて、事故を完全に防止し〝我こそ日本一の模範女子管理駅〟建設せんと雪魔と闘ひながら猛訓練をつんでゐる(26)

ここでは、敬礼の徹底に始まる訓練によって「軍律化」、すなわち規範と行動の男性化が図られたのだった。また新潟県の高田駅では、戦局がいよいよ切迫して沖縄戦が始まるころに、女性駅員の入隊訓練をおこなっている。

信越線高田駅では六十余名の女子駅員を一日入隊させ軍人精神を涵養する、差し当つての訓練は駅頭美化運動で鍛へ四月中旬に〇〇部隊へ入隊、日頃あこがれの兵隊さんから厳正な軍規を手ほどきして貰ひ堅忍不抜

の精神で増送に体当りする(27)

高田には兵営があったので、入隊訓練は地元部隊でおこなわれたものだろう。入隊訓練そのものは一九三〇年代から女学校でもおこなっていて、そう珍しいことでもない。しかしこの場合は、入隊訓練が国有鉄道で実施されたこと、そしてニュースバリューを見いだして報道されていることが、戦局の苛烈さを物語っている。また、当時のジェンダー秩序を揺るがしかねない軍事的男性性が女性に要求されたことは、それほどに戦局が悪化していたことを示すと考えられるだろう。

そうしたなかで、女性のさらなる昇職につながる動きも生まれていた。

新鉄管内の主軸として大量に本格的に鉄道女子乗務員の養成を行つてゐた鉄道女子教習所長岡分教所では六月限り車掌科生徒養成を中止、更に同所最初の駅務科生徒の大量養成を行ふことになり二日長岡市旭町の同所で百七十名の入所式を挙行した、国鉄の要員事情からみて輸送業務は女子代替が必須であり近き将来においては同所出身の有能者から駅長にまで登用する方針である、従来は女学校卒業者らを職場において業務の傍ら教育したのであるが同教習所では三個月間すべて生徒を寄宿舎に収容の上専門の教育機関で訓育される(28)

ここでいわれる「要員事情」とは、男性に対する求人難である。先述した模範女子管理駅でも駅長や助役は男性であり、そこには指導教育する男性とそれを受け入れる女性というジェンダー秩序があったが、将来の助役や駅長になるべき男性労働力の確保までが、このとき困難になっていたことがうかがえる。言い方を換えれば国鉄はこのとき、従来のジェンダー秩序が崩壊する寸前まで追い詰められていた。それはまた同時に、女性職員に男性的な働きを要求する事態でもあった。

だが実際には、女性の駅長が国鉄に誕生することはなかった。この記事の翌月に日本は敗戦を迎えて、要員不足の原因になっていた男性の兵力動員が終わったからである。軍事化された社会の終焉とともに、国鉄内部で女性に向けられていた男性化要求も途絶えたのである。

8　国鉄の一類型としての新潟鉄道局

以上、新潟鉄道局について詳細にみてきた。ここで問題になるのは、新潟鉄道局とほかの鉄道局との間に大きな相違点があるのか、である。結論をいえば、新潟鉄道局には、国鉄という組織のなかにあって取り立てて特異な点はなく、日本国有鉄道編『日本国有鉄道百年史』（全十四巻、日本国有鉄道、一九六九―七四年）などに記録されている全国的な動きと大きく異なるところはない。したがってここまでみた事例は、アジア太平洋戦争期の国鉄の女性職員を取り巻いていた状況と考えて大過ないだろう。

日中戦争勃発後しばらくは、思想教化運動が目立ち、新潟鉄道局に関しては、要員不足のせいで業務に支障が出た様子はない。しかしそれは、要員不足よりも思想教化運動が優先的に報道されたせいで、兵力や軍属として男性労働力が戦地に送られたことが鉄道にまったく影響しなかったということはないだろう。

男性労働力の代替としての女性配置が外部者にもはっきり見えるようになるのは、一九四三年（昭和十八年）以降である。この時期は戦局の悪化による兵力動員の強化もあったはずだが、改札掛への若年男性労働力の就業が禁止されたことは、国鉄としては全国的に影響が大きかったはずで、新潟鉄道局とても例外ではなかった。

模範女子管理駅の指定は、新潟鉄道局特有の取り組みとして挙げることができる。その動向については当時しばしば報道され、あるいは宣伝された。男性を中心として鉄道を運営するジェンダー規範が生きていたなかにあって、対外的に女性が駅を運営できることを示した点では、それなりに意義がある取り組みだったといえる。しかし現実問題として若い男性労働力はそもそも求人難にあり、全国的に女性職員が増えていた状態にあっては、模範女子管理駅を指定しようとしまいと、駅の業務は女性労働力が中心に担わざるをえなかったはずである。そう考えると、男性労働力の給源が乏しくなってきたなかでの弥縫策であるというほかない。

また男性の代替として採用・配置されながら、男性とまったく同様に扱われたわけではないことにも注意すべきだろう。指導的立場には常に男性がいて、女性はそれに教育されて働くという図式は戦前期と変わらない。いくつかの職種では、それまで男性に占められていたところに女性を配置することがおこなわれはしたが、全体としてのジェンダー秩序は変化しなかったのである。

太平洋戦争開戦当時の国鉄には、地方機関として札幌、仙台、東京、新潟、名古屋、大阪、広島、門司の八局があり、その後、一九四三年（昭和十八年）の樺太内地編入にともなって樺太鉄道局が、そして四五年（昭和二十年）六月に広島鉄道局高松管理部を昇格させて四国鉄道局が設けられた。本章の冒頭で述べたように地方紙の残存状況は新聞によって大きな違いがあって、なかには現在参照することが困難なものもある。それでも、これらの局ごとに事実を拾い上げてまとめることで地方ごとの細かな動向、たとえばいまここで述べた新潟鉄道局でおこなわれた模範女子管理駅の設置のような動きもまたみえてくるのではないか。あるいは、その局特有の施策にみえるものが、似たようなことが他局でもおこなわれていたことを確認できるのではないか。それによって、戦時下国鉄の女性就業の状況はより鮮明になるだろう。

地方ごとの掘り下げが進むことを期待したい。

注

（1）「心も姿も日本精神 新鉄女子職員から洋酔と華美放逐」「新潟新聞」一九三八年六月二十三日付
（2）同記事
（3）「重き使命に目覚む 銃後女性の結団」「新潟新聞」一九四〇年八月二日付
（4）「新鉄局新体制 女子従業員も現場業務分担」「新潟新聞」一九四〇年十二月十一日付
（5）「駅頭もなごやかに 近く躍り出る婦人職員」「新潟日報」一九四三年四月十六日付
（6）「女子改札掛 訓練終りけふから出陣」「山形新聞」一九四三年十月十日付
（7）京阪電気鉄道株式会社経営統括室経営政策担当編『京阪百年のあゆみ』京阪電気鉄道、二〇一一年、一五三ページ
（8）「女子出札掛山形駅 御奉公に差はない」「山形新聞」一九四三年十月十日付
（9）「乗降客達に好評 鉄道はまだ進出の余地」「新潟日報」一九四三年十二月二十二日付
（10）「栄冠越後女性に輝く「国鉄勤労女性の歌詞」一、二等当選」「新潟日報」一九四四年四月九日付
（11）「鉄道女子青年団の結成」「新潟日報」一九四四年五月一日付
（12）「決戦地方色 旅客の応対は女で」「新潟日報」一九四四年五月二日付
（13）「「ウルサイワネッ」或る日の出札風景」「山形新聞」一九四四年五月十五日付
（14）「心遣りが一番大事 当局とお客さんの腹を割る」「山形新聞」一九四四年六月四日付
（15）「駅の乙女は親切か 長崎旅客主任が覆面で査察」「朝日新聞」（秋田版）一九四四年八月三日付
（16）「若き夢を捨て線路で鶴嘴を揮ふ」「秋田魁新報」一九四四年二月十日付
（17）緒方義幸『女線路工手』の思い出」「新線路」一九七二年十月号、鉄道現業社、四〇―四一ページ
（18）「中間駅は殆んど女子に 管理部の養成」「秋田魁新報」一九四四年八月十三日付
（19）「立派に一人前 颯爽、女の連結手登場」「新潟日報」一九四四年八月十九日付
（20）「必勝増送へ「女だけの駅」」「信濃毎日新聞」一九四四年八月二十九日付

(21)「女ばかり停車場」「新潟日報」一九四四年九月一日付
(22)「駅長、助役を除き他は全部女子の駅員」「山形新聞」一九四四年九月二日付
(23)「〝女ばかりの駅に〟女子要員訓練」「秋田魁新報」一九四四年十月二日付
(24)「決戦輸送は引受けた女ばかりになつた湯沢駅」「秋田魁新報」一九四四年九月二十六日付
(25)「大山駅無事故で表彰」「山形新聞」一九四四年十一月二十五日付
(26)「服装もきりゝ 湯沢駅女子輸送戦士の軍律化」「秋田魁新報」一九四四年十二月二十日付
(27)「戦ふ郷土 女子駅員入隊訓練」「新潟日報」一九四五年四月十二日付
(28)「将来は女性の駅長さん 長岡分教所で駅務員を養成」「新潟日報」一九四五年七月六日付

第7章　戦時下の女性乗務員の採用

1　国鉄の女性車掌

国鉄女性車掌の嚆矢

ここまでみてきたように、女性の採用について、踏切看手や事務、出札では、国有鉄道が特に私鉄に遅れをとるようなことはなかった。しかし車掌など乗務員としての採用については公営軌道や私鉄が先行し、国有鉄道は大きく遅れをとっている。

国鉄に女性の車掌が登場したのは一九四四年（昭和十九年）のことであり、それは現在、年表にも記されるなど、戦時下特有の事象と認識されている。四四年当時でも、それまで男性が担うべきとされていた職種に女性が進出したのは戦時下のためと受け止められていた。

ただ、日本の鉄道界すべてが戦争をきっかけとして女性車掌を迎え入れたわけではない。みてきたように、一九三〇年代前半に女性車掌を登場させた鉄道事業者もあった。女性車掌の存在は、戦時下に限られるものではない点には注意が必要である。

さて、国鉄最初の女性車掌はこれまで、名古屋鉄道局管内で一九四四年（昭和十九年）五月十日に登場した十人だとされてきた。しかし新潟鉄道局長野管理部について、四四年二月に「従来絶対男でなければと思はれてゐた車掌に十五名」[1]という記事が掲載されている。この時点で実際に車掌として現場に配属されていたとすれば、それは国鉄のなかで最も早い例になるが、残念ながら所属した車掌区や勤務した区間などについては報じられていないため詳細は不明であり、したがっていまの時点では、具体的には何ともいえない。

新聞紙面で確認できたかぎりで、その所属区や線区についてある程度詳しい情報が得られる最初の採用例は、同年四月四日に報じられた広島鉄道局高松管理部のものである。記事によると、広島鉄道局内部での募集に応えたのは三人で、いずれも高松実科高女卒、年齢は十八歳から二十二歳だった。内部での募集に応じたということは、すでに職員として何らかの職務にあたっていたのだろう。三人は、まず高松車掌区で区長と助役から一カ月間の教育を受けて、最初に新居浜―多度津―高松間の工員列車に乗務した。新聞紙面では、「女性特有の潤ひと親切さは乗客に大歓迎然も車掌常務に対する緻密さは却つて男の車掌さんを尻目にかけて成績上々」[2]と報じられた。

そして、高松の例に続いて報じられたものが、これまで最初とされてきた名古屋鉄道局の事例である。名古屋鉄道局では、名古屋女子商業を卒業後に挺身隊員として名古屋鉄道局に入ってきた十人を武豊線、中央線名古屋―多治見間、関西線名古屋―亀山間の各線に五月十日から乗務させることになった[3]。記事によれば、十人は四月中を名古屋車掌区で教育を受けて過ごしたという。したがって、高松車掌区の例も名古屋鉄道局の例もほぼ一カ月の教育期間を経て乗務に就いたということができる。

以上から、国鉄での最初の例として確認できる女性車掌は一九四四年（昭和十九年）四月の予讃線新居浜―多度津―高松間に乗務したものである。これまで知られてきた五月十日の名古屋鉄道局の例は、それに続く二例目ということになる。

次に掲げる記事は、名古屋鉄道局に登場した女性車掌についての描写である。

「皆さん御面倒ですが乗車券を拝見致します」喧騒な列車内に明るくやさしい声で検札を告げる車掌さんは〝旅客専務〟の赤い腕章も鮮やかな制服姿の女性である。

（略）

井田川、加佐登と各駅停車毎に駅名喚呼を繰返し乗客の乗越し防止を続けるかと思ふと発車寸前のデッキに飛乗り座席や荷物の整理から行先不案内な旅客の道先案内にも親切に応答し検札にも一人々々に丁寧な物腰で、こゝのところ車中の人気を掠つた形である。(4)

予讃線に登場した女性車掌を評した「女性特有の潤ひと親切さ」に似た書きぶりで、ここでも「やさしい声」「親切に応答」「丁寧な物腰」という表現で女性車掌を描いている。このような言葉が女性車掌に対する肯定的評価の定番になっていたが、それは男性には適用されることがなかった評価基準である。女性は、戦時下でも変わらず、男性とは異なる評価基準で社会から測られていたということである。

奥羽地方を例にみる国鉄女性車掌の育成

国鉄の女性車掌育成に向けた動きをみてみよう。一つの具体例として奥羽地方に目を向けると、三月二十一日付の「秋田魁新報」が、次のように報じている。

秋田管理部では四月から実施される女子勤労挺身隊を増送面の最前線……女車掌にふり向ける計画をたてゝゐる、即ち男子と交代する女車掌として約三十名に対して徹底的国鉄魂を叩き込んで三ケ月位で立派な女車掌とし七月頃に出現する筈で大体管内生保内線、花輪線、阿仁合線、横黒線などの支線に勤務することになる(5)

この記事からは、国鉄での養成計画は鉄道局レベルではなく、それより一段下の管理部のレベルで立てられていたこと（秋田管理部は新潟鉄道局に属する）、そして秋田管理部が考えていた養成期間は、三カ月ほどだったことがうかがえる。三カ月という養成期間は、先述した高松と名古屋が一カ月ほどの養成で実務に入ったことに比べると、かなり長い。それから「男子と交代」とあるから、国鉄の女性車掌の採用は、それによって男性労働力を捻出するためのものだったことが読み取れる。本書でここまでみたように、一九三〇年代の不況の時代には女性車掌は安価な労働力として期待されたが、戦時下には車掌職は男性労働力の給源と見なされ、女性車掌は男性車掌の代替とされたのである。

なお記事によれば、秋田管理部でも名古屋鉄道局同様に挺身隊員を車掌へと育成することを考えていたようである。この点は、内部から女性車掌を募った広島鉄道局高松管理部とは異なる。秋田管理部は外から入ってくる者に女性車掌になることを求めたのである。

次は山形管理部の、五月の動向である。念のために付け加えておくと、山形管理部もまた、秋田管理部同様、新潟鉄道局に属していた地方機関である。

駅手についで国鉄にも婦人車掌が登場する——通信事務駅手、線路工手と女子職員を採用してゐる山形管理部ではこんど（略）廿名の娘車掌を採用、廿五日から二ケ月間山形車掌区で乗務員として必要な旅客ならびに

荷扱ひ、運転規定、連結解放などの訓練を行ふ

ついで実務見習として一ケ月仙山、米坂、長井、左沢の各支線に乗務させたうへ各線に配置する(6)

秋田管理部と同じように、山形管理部でも養成期間は三カ月が考えられていたことがわかる。なお秋田管理部については、八月に次のような記事がみられる。

本年四月新規採用の女子中等学校出身者の中より二十六名を選抜女子車掌の養成を実施学科実務を約三ケ月間みつちり仕込み去る二十二日車掌試験を行ひ、結果については未だ公表されて居ないが二、三の者を除いては六十点以上の及第点で間もなく車掌として正式に資格を与へられ、一本立ちをする事になつてゐるがその日まで（略）指導を受けてみつちり勉強すべく試験終了後の二十五日より花輪、阿仁合、五能、生保内、矢島の各線に乗込み最後の仕上げに務めてゐる(7)

この記事からは、先に報じられたように挺身隊として国鉄の職場に入った女性を車掌として育成したかはわからない。ただ新規採用の職員を、教育したうえで車掌にしたことは確かなようである。

続けて次の記事も、秋田管理部の動向である。

秋田管理部が新鉄局でも魁けて女子車掌を採用、男子車掌につき見習期間の一箇月を了へいよ〳〵来月〔九月：引用者注〕一日から一人立ちする(8)

秋田管理部は見習期間を八月で終えていたようだ。これを新潟鉄道局管内のさきがけとみていいのかについて

はまだ疑問が残るが、新潟鉄道局では三カ月ほどの教育を受けて、夏の終わりごろには車掌として勤め始めたようだ。

日本各地にみる女性車掌登場の様子

ここまで奥羽地方の事例をみてきたが、そのほかの地方ではどうだったのだろうか。目を転じて中国地方をみると、六月の紙面に次の記事を確認できる。

颯爽と現はれた国鉄の女車掌、広鉄管内では姫新、伯備、宇野、福塩、呉の各線に配置されてゐるが津山車掌区でも久世―土居間に一日から六名の女車掌が試乗を開始神助役の二日間にわたる実地訓練を経て三日から一本立ちしたが、いづれも二十歳までのキビキビした女子青年でものやさしく客に呼びかけるため執務ぶりが一度に客車内の空気をやはらかに明るくし一般から好感をもたれ、頗る好成績である(9)

先ほどふれた、この年四月に女性車掌を登場させた高松管理部もまた、広島鉄道局の管下だった。その広島鉄道局では、六月には管内の各支線に女性車掌が誕生していた。

さらにほかの地方をみると、九州すなわち門司鉄道局は、これまでみてきた例よりも遅く、女性車掌は十月以降に登場している。同局ではまず六月に鉄道教習所に女子車掌科を新設して、管内各管理部から選ばれたおよそ六十人に車掌業務を教育した。大分管理部はそのうち二人を延岡車掌支区に配属して、十月一日から当時の土々呂線に乗務させた(10)。また同局管内の鳥栖管理部では、佐賀線の諸富―瀬高間で、やはり十月一日から四人が勤務に就いた。なお「佐賀新聞」によれば、この四人はいずれも「佐賀線で駅生活を体験してゐた高女出ばかり(11)」というから、先述した他局の例もあわせて考えると、国鉄は、女性のなかでも中等教育を修了した層を車掌に充当していたことになる。

各鉄道局とも、教育体制を整えていくのと並行して、その後も増員を続けていった。前掲の「佐賀新聞」は、「今後の成績如何によってはこの部面への女子の進出は相当増員されるものと見られてゐる」[12]と報じ、また「大分合同新聞」は九月初めの状況を次のように伝えた。

更に大量女車掌の養成を行ふため佐伯市に門司教習所の車掌科支所を設け既に六十名を収容養成中で来る十二月頃から日豊本線旅客列車に女車掌が登場するだらう[13]

もちろん、増員に向けた態勢をとっていたのは門司鉄道局管内だけではない。たとえば先にふれた、門司鉄道局よりも早い時期に女性車掌を誕生させていた新潟鉄道局は、同年八月にその動向を次のように報じている。

八月から新潟鉄道教習所には女子車掌科を新設、第一回として百名を養成中で、今後は本腰でどんどん乗務させてゆくことになつてゐるその「をんな車掌さん」と旅客から親しみの言葉で呼ばれる女子列車車掌が新津管理部管内の信越線長岡、新潟間、羽越線新津、新発田間、磐越線新津、五泉間、ほか越後、赤谷、魚沼、只見の各線に颯爽と姿を現したのはつい最近である。これは去る七月新津車掌区で第一回の講習を修了した十名と現在講習中の二十二名がいま見習として乗務してゐるのである。[14]

新潟鉄道局の鉄道教習所に女子車掌科を設けたのは、八月だったようである。つまり同局は、管内最初の車掌教育を各管理部で実施しながら、教習所の整備を同時に進めたことになる。広島鉄道局や名古屋鉄道局もおそらく同様だっただろう。この点は、まず鉄道教習所に女子車掌科を設けたうえで養成をおこなった門司鉄道局とは対照的である。

鉄道教習所に関する資料は多くが散逸している。したがって、新聞紙面の記述は貴重な情報である。また最初期の女性車掌たちが、鉄道教習所を経ないで車掌になっていたこともわかる。門司鉄道局を除く最初期の国鉄女性車掌たちは、国鉄内部に系統的な教育訓練の体制が整えられるよりも早く、職場に登場したのだった。

国鉄電車区間の女性車掌

以上、国鉄の汽車区間の例をみてきた。ここで「汽車区間の例」と断ったのは、それ以外に先行例かもしれない数字を示す新聞記事があるからである。一九四四年五月十六日付「中部日本新聞」が、名古屋鉄道局管内で「電車」が運転されていた飯田線、身延線、富山港線の女性車掌の数として、富士車掌区二十一人、豊橋車掌区二十五人、富山車掌区十二人、甲府車掌区十六人、赤穂車掌区九人という数字を挙げているのである。(15) 十人ほどの女性車掌の登場がニュースバリューをもつ状況にあってこれらは比較的まとまった数字であり、この時期に突然登場したとは考えにくい。

ということは、ここに挙げた飯田、身延、富山港の三線では、女性乗務員がすでに存在していた可能性がある。もし女性車掌がそれらの線ですでに存在していたとすれば、国鉄最初の女性車掌の登場はさらに早まることになる。では、彼女たちはどのように登場したのか。

この三線は、いずれも一九四〇年代に私鉄を買収して国有化した区間である(富士身延鉄道→身延線、伊那電気鉄道・三信鉄道・豊川鉄道・鳳来寺鉄道→飯田線、富山電気鉄道→富山港線)。だとすれば可能性の一つとして、私鉄では戦前から女子車掌を採用する動きが広がっていたことから、これらの私鉄でもすでに女性車掌が存在し、その体制が買収の際に引き継がれていたことが考えられる。だとすれば、「国鉄最初の女性車掌」は、いずれかの私鉄買収時に登場したと見なすべきだろう。

私鉄買収時の職員の引き継ぎはどのようにおこなわれたのだろうか。例として、飯田線についてみておこう。伊那電気鉄道、三信鉄道、豊川鉄道、鳳来寺鉄道の四私鉄が省営の飯田線になったのは一九四三年（昭和十八年）八月一日だが、その際に、私鉄に在籍していた職員をめぐっては次のような措置がとられた。

> 拠ろなく駅長級は全部助役以下に肩書きを下げられた運転手はこれ又鉄道省としての試験合格が必要とあつて一応「運転手見習」に切り下げられ東鉄〔東京鉄道局のこと：引用者注〕各車庫から伊那谷出身の運転手三十数名が移動して一日から私鉄出の「見習」の事実上の見習となつて乗車するほか車掌もこのまゝ乗車させる事になつてゐるが追々勉強すれば判任登用の途が待つてゐるわけである[16]

もし買収された私鉄に女性車掌がいたとすれば、省営になったあとにも引き続き乗務した可能性があると思われる。

とはいえ、これが根拠にきわめて乏しい推論だということもまた、正直に書いておかなければならない。この点を明らかにするためには、飯田、身延、富山港の三線について買収時の職員引き継ぎ、または、当該線区に関わる車掌区への言及がある資料を掘り当てなければならない。

なお、同じ「電車」でも東京の電車区間では、一九四四年（昭和十九年）七月二日から女性車掌が乗務した。こちらは鉄道教習所駅女子駅務科で三カ月の課程を修了した八十九人で、五月一日から現場実務に関する教育を受けたのち、山手、総武、中央、京浜の各省線電車に乗務した。このとき、坪井要員課長談として「はじめて世に出すにあたつて一番の懸念はいまゝでの女子駅手に対するやうな男性乗客のふるまひである、女だからといつて軽くみるのはどうかやめて下さい[17]」という言葉が新聞紙面に掲載されている。女性職員を軽んじる風潮が社会に根強く残っていたことをうかがわせる。

輸送戰線の花

昨今東京都を中心とする省線電車に、女子乗務員の颯爽たる姿を見受ける。これは、男子をもつと重要な輸送面に向け、その代替として採用し始めた女子車掌である。

「エ」の徽章を附した紺の戦闘帽の顎紐をキリリと締め、白襟に紺の制服、左腕に赤い八咫烏と鉄路を形どつた鉄道青年隊の徽章、女なら一度は身につけたい服装である。

彼女たちの一日の生活は寮における早朝の点呼から始まる。続いて鉄道体操、さあ元気よく各目の職場に出発だ。

乗車。その前に神前に今日も一日敢闘する旨の誓をたて、助役さんから「出発点呼」——その日の乗車線や注意事項など聞き、信號標旗、合図笛、時間表などの入つた鞄と、信號用手旗を持つて乗務につく。

「出発進行」笛が鳴る。「鉄路開通」自動扉のボタンを押す。シユーと扉が閉まる。混雑時には、この呼吸がむつかしい。鉄道ではこれを「見切発車」といつてゐるが、遅れてはいけないし、さうかといつて早や過ぎて、扉に人を挟んでも困る。これがうまく出来るやうになれば車掌も一人前である。

電車が動き出すと窓から前方をキッと見つめたまゝ動かない。「信號確認」——運転手の役割であるが、車掌もまた万全を期するため信號が赤でなかつたことを確かめねばならない。

①颯爽たる女子車掌
②乗車を前に宣誓
③出発点呼
④発車まであと十秒
⑤いよいよ発車
⑥夜の寮舎室朗景

じっている。戦前期の市電女性車掌に対する見方とは異なる視点である
（出典：「アサヒグラフ」1944年8月16日号、朝日新聞社、6—7ページ）

図3　「輸送戦線の花」
国鉄女性車掌のビジュアルイメージ。勤務中の凜々しさと、寮の和やかな交歓風景によって構成される誌面には、「女でありながら」という視線と国策即応の姿勢に対する肯定的評価が入り交

また、これら八十九人（新橋管理部）とは別に、上野管理部でも十五人が常磐線電車（上野―松戸間）でやはり三カ月の駅務科講習のあと、車掌服務に必要な講習を一カ月受け、実務見習としてさらに一カ月を過ごして、車掌になった。このときの様子は、「「次は日暮里」かん高い、これだけは男に真似られない車内通報である。好奇の眼を向ける乗客に割つて入る姿に何ものにもめげない逞しさがあつた(18)」と記されている。

私鉄の女性車掌

このようにして、一九四四年（昭和十九年）の半ばごろに、国鉄の各鉄道局で女性車掌の導入がおこなわれていった。

では同じころ、私鉄はどのような状況にあったのだろうか。

本書第4章では、高速度運転をおこなう私鉄の例として、帝都電鉄や東京横浜電鉄が一九三〇年代には車掌に女性を採用していたことにふれた。そこまで早い時期ではないが、戦時下では京成電気軌道（現・京成電鉄）が、四三年（昭和十八年）十月八日から女性車掌の乗務を開始している(19)。

一九四四年（昭和十九年）の状況については、五月の名古屋を中心とする地方の数字が記事にされている。それによれば、まず名古屋鉄道は岡崎・岐阜の両市内線、尾西線一宮―起間、三河線に二百五十人、ほかに豊橋線、名岐線では養成中。関西急行電鉄（現・近畿日本鉄道）は名古屋営業所関係で本務車掌が五十五人、見習車掌が二十三人と、ほかに電車運転手が七人。また名古屋市電では二百六十人の女子学生車掌を、就業制限で転出する男性の代わりにとりあえず充当という状況にあった(20)。

このことから、この年四月から五月にかけて列車区間に女性車掌を起用しはじめた国鉄に比べて、私鉄がかなり先行して積極的に女性を車掌として採用していたことがわかる。国鉄とは桁が違うのである。その背景として考えられるのは、兵力動員で若年労働力が減少したうえ、労務調整令が実施されて転・退職が大きく制限されたので、不足した労働力の穴を男性労働力で埋めることが私鉄は国鉄よりも困難だっただろうことである。また一般に女性の賃金が男性に比べて低く抑えられていたために、会社の経営にとって男性を採用するよりも女性を採用したほうが有利だったことも関係しているだろう。そのいずれが決め手になったのかといえば、戦時下のことであり、やはり若年男性労働力の確保が難しくなっていたためと考えるべきだろう。そしてそれはおそらく、軍需産業が多く立地する名古屋近辺では、かなり顕著だったのではないか。このことは、当時の日本の大都市圏で私鉄が置かれた求人難を考えるうえでも、示唆に富む事実のように思われる。

そのことはまた、国鉄のスローモーぶりをも浮かび上がらせる。総力戦体制下で男性労働力不足に苦しむ点では国鉄と私鉄の間にさほど大きな違いがあるようには思えないのだが、やはり官は労働力を確保しやすいということなのか。それとも、あまりにも巨大な組織だったがゆえに小回りがきかなかったということなのか。いずれにせよ国鉄は、車掌に女性を採用する点について、私鉄に大きく水を開けられていたことは確かである。

2　運転士・機関士

国勢調査のうえに現れた運転者

鉄軌道の動力車を運転操作する女性が資料のうえで確認できるのは、筆者が調べたかぎりでは、一九四〇年（昭和十五年）の国勢調査が最初である。その就業者数を年齢別にみれば、職業小分類の「372　機関士、運転士、機関助士（蒸気機関車）」は二十歳から二十四歳の階級で一人、そして「373　運転手、助手（電気機関車、電車、気動車）」は九人で、うち十五歳から十九歳が五人、二十歳から二十四歳が一人、三十五歳から三十九歳が一人、四十歳から四十四歳が一人、そして六十歳以上が一人である。[21]

ただし、ここに数えられていることが必ずしも鉄軌道の営業線上で働いていたことを意味しないという点は注意が必要である。というのも、一九四〇年国勢調査の職業小分類は産業上の分類には基づいていないため、彼女たちがどの産業で運転操作にあたっていたのかは不明である。つまり、運輸交通業で鉄道車両の運転操作をしていたとは断言できないのである。

一九三〇年（昭和五年）国勢調査では、職業上の小分類である「298　機関車機関手、機関助手」と「299　電車運転手」は、交通業に限られていた。したがって、その二職種に従事する女性がいない以上、当時の交通業で機関車または電車の運転操作に携わっていた女性は皆無だったということができる。しかし四〇年（昭和十五年）の国勢調査では「372　機関士、運転士、機関助士（蒸気機関車）」と「373　運転手、助手（電気機関車、電車、気動車）」は交通業に限定されておらず、単に「運輸、運搬作業者」としてくくられている。[22]ということは、産業の中分類として、交通業以外の運転者という可能性が出てくる。

その人数の少なさと年齢上のばらつきを考えると、一九四〇年国勢調査で示されている運転者は、鉄道事業者のもとである程度まとまった規模で養成されたとは考えにくい。交通業だけでなく、かつては国有林や鉱山、工場にも線路が多く存在したが、そういった場で運転に従事していた可能性、つまり交通業ではなく林業や鉱工業の従事員だった可能性も視野に入れるべきだろう。

国鉄であれ私鉄であれ、女性の運転者がもし公衆の前に現れれば、きわめて珍しいとして社会的な反響を何らかのかたちで引き起こしただろう。であるならば、新聞紙面に痕跡を残していてもおかしくない。しかし一九四〇年ごろにそのような話題があったという記事はいまのところ見いだせていない。したがって、国勢調査に現れた女性の運転者は、公衆の目から遮断された場所、専用線やそれに準じる場所で働いていたのではないかと推測するのである。

しかしそのことはまた、森林鉄道や鉱山、工場専用線を視野に入れて調べれば、もしかするとこれまで知られていなかった女性の労働をそこに見いだすことができるかもしれない、ということを意味する。

彼女たちが出現したのがなぜ一九四〇年（昭和十五年）の国勢調査なのか、それについては、説明ができそうである。まず考えられるのは、日中戦争勃発後の戦時体制下で実施された労務統制による求人難である。四〇年前後といえば、学校卒業者使用制限令（一九三八年八月）、青少年雇入制限令（一九四〇年二月）、従業者移動防止令（同年十一月）が相次いで制定された時期にあたる。そのため若年労働力、とりわけ男性の労働力を確保することが難しくなっていったころであり、その代替として、女性労働力が投入されたのではないか。比較的高い年齢層が存在することも、それだけ若年労働力の確保が難しくなっていたことを物語っているように思われる。

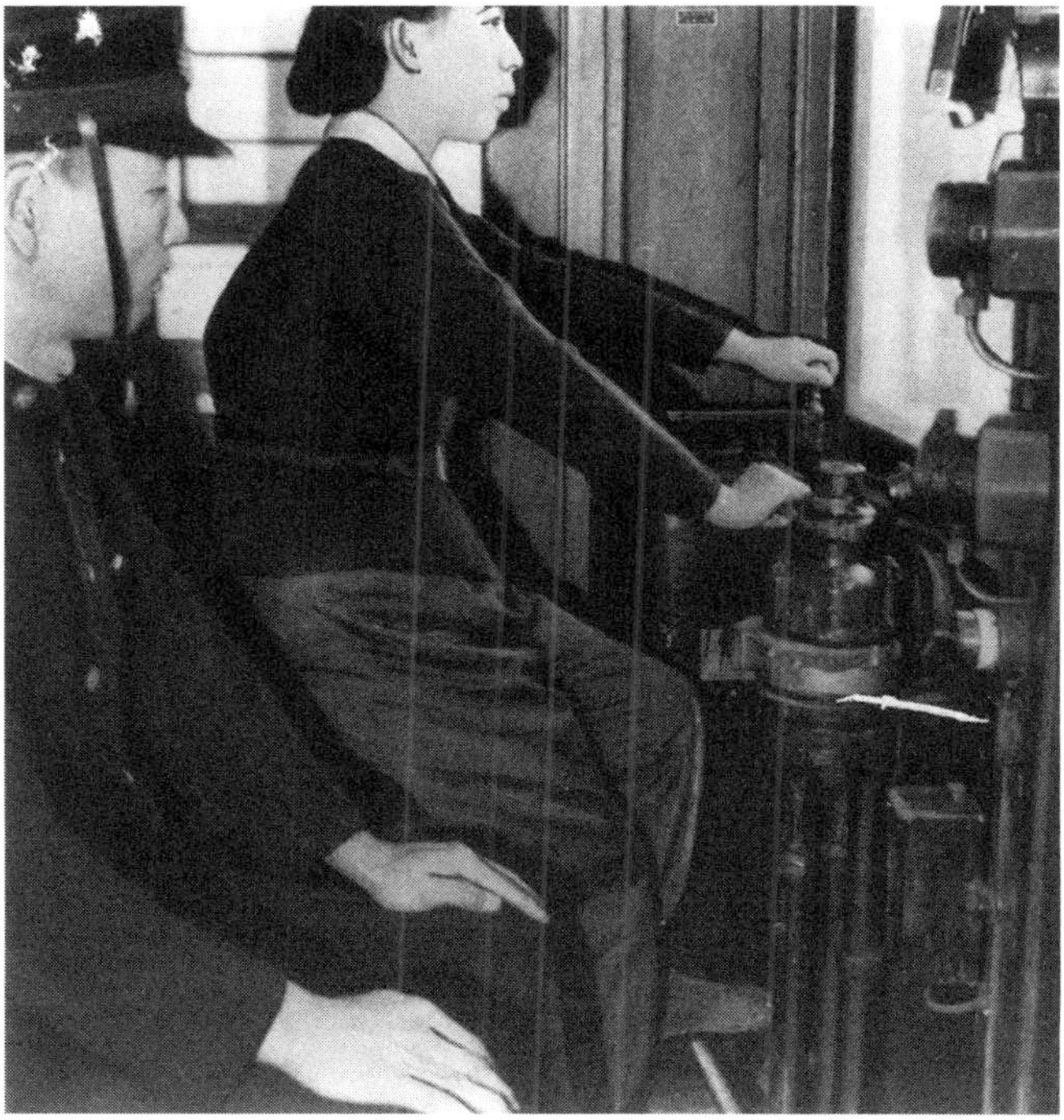

写真6　近畿日本鉄道に登場した女性運転手（1944年）（提供：毎日新聞社）

日本最初の運転士は関西急行電鉄

少数ではあったが、近代に入ったあと、馬車の馭者や人力車夫にも女性がいたことは当時の新聞にも散見されることであり、おそらく間違いはない。また自動車が普及する（とはいっても遅々としたものだったが）につれて、運転免許証を取得し、タクシーやバスの運転手になる女性も登場していた。公共交通機関で運転に従事する女性は、太平洋戦争勃発前に、すでに道路上にその姿を現していたわけである。しかし鉄道では、女性運転士の登場は一九四〇年代の戦時下まで待たなければならなかった。

日本で最初に女性を運転士に採用したのは、関西急行電鉄（現在の近畿日本鉄道の名古屋線に相当する）だろう。運転士としての単独乗務は、一九四三年（昭和十八年）九月二十一日から開始している。[23]

この事実と詳細を掘り起こした佐藤ゆかりによれば、関西急行は一九四二年（昭和十七年）十二月十日から女性二人に対して運転士の教習を開始し、その翌四三年（昭和十八年）一月二十八日から運転実習をおこなった。途中の増員によって五人になった女性運転士は九月二十一日から名古屋―弥富間で乗務を開始し、十二月一日のダイヤ改正で全員が塩浜乗務所所属になって乗務区間も桑名―四日市間になった。[24]

女性車掌の場合は、バスや市電といった域内交通や比較的低速度で運転される乗物から始まったが、鉄軌道の女性運転士は、高速度電車から始まったのである。

関西急行による女性運転士採用の動きは、他社の職員にも刺激を与えたようである。帝都高速度交通営団の新橋駅で出札掛を務めていた山口とし江は、女性鉄道職員が集まった座談会の席上で次のように発言している。

関西の方では女の人が運転をやつてゐると聞いたとき、私達もやりたいと思つて、ある日運転手は駄目なんですかと言つたら、お前達はまだ駄目だと言はれましたけれども、地下鉄は案外事故なんか少いですから、運転手でも車掌でも私達やれると思います。[25]

関西急行の話を聞いて、「私達もやりたい」と声をあげた女性がいたのである。運転操作などの技術的職種を希望する女性にとって関西急行に女性運転士が登場したことは、自分たちの希望を口にさせるほどの影響力をもつ出来事だった。

女性運転士採用の広がり

関西急行電鉄の例に続いて確認できるのは、一九四三年（昭和十八年）十一月の蒲原鉄道（新潟県）の女性運転士養成の記事である。この件について「新潟日報」は、次のように報じる。

蒲原鉄道では本月十五日から全国でも珍らしい女運転手二名を養成してゐる、戦時下男子の職場に代つて電車も女性の手で運転しませうと同社タイプ係伊藤ゲン（二三）同車掌星野シン（二二）両嬢からの健気な申出でに、すつかり感激して養成することになつたものである(26)

この記事のとおりであれば、蒲原鉄道では女性職員の申し出に会社が応じて、運転士としての養成を開始したことになる。なお蒲原鉄道の女性運転士については、「多い時で十人前後はいたと思います(27)」とする回想が残っている。そして同鉄道では、どうやら一九四七年までは女性運転士が存在していたようだ。

路面電車も含めれば、別府大分電鉄（のちの大分交通別大線。現在は廃止）に一九四四年（昭和十九年）六月の時点で、三人の女性運転士がいたようだ(28)。

京成電気軌道（現・京成電鉄）は一九四四年（昭和十九年）六月に社内で志願者を募集した。応募者のなかから三人が選ばれ、同年十月一日から単独での乗務に就いた(29)。

京福電気鉄道叡山線（現・叡山電鉄）に関して、一九四四年八月二十五日付の新聞に、女性運転士が二十一日から見習運転をしているという記事をみることができる(30)。ただし、単独運転をいつからおこなったかについては確認できなかった。

帝都高速度交通営団（現・東京地下鉄）は一九四四年（昭和十九年）八月に十二人を対象とした教習を開始し、十月一日から見習運転、単独運転は十一月に入ってからおこなった[31]。

東武鉄道西新井電車区では一九四四年九月五日に二人の女性を採用、二カ月に満たない教習期間を経て、十一月一日から単独運転に入った[32]。

京都市電については、一九四四年十二月十八日付紙面に、翌四五年一月中旬までに市民の前にお目見えする予定で二十人を養成中とする記事がある[33]。

京阪神急行電鉄の京阪線（現・京阪電気鉄道）では一九四五年一月に女性運転士の登場をみた[34]。

以上、筆者の目についたものだけを列記してみた。女性運転士の登場に、地域的偏りは少ないように思われる。しかし時期的には、多くは一九四四年以降に偏りをみせていて、関西急行電鉄に続く事業者がただちには現れなかったことを示している。

また、あとの事例になればなるほど、教習期間の短さが目につく。関西急行電鉄の養成期間が九カ月だったのに対して京成は四カ月ほど、東武にいたっては二カ月に満たない速成ぶりである。時がたつにつれて要員事情が逼迫し、養成を急いだことがうかがえる。このことはまた、一九四四年に男性の労働力不足が急激に進行したことも示している。時期が遅くなればなるほど、労働力確保で切羽詰まっていった状況がうかがえるのである。

次に、運転士を含めたさまざまな職種の要員不足を埋め合わせるためにどのような対策がとられたのか、神戸市電を例にとってみてみたい。

神戸市電にみる労働力不足とその充足方法

一九四四年（昭和十九年）になると、各地の鉄軌道で輸送力不足が際立って表面化した。車両や資材の不足もあるが、主要な原因は、労働力確保が困難なことだった。

近ごろでは他都市並みに乗客の圧倒的な増加とこれに反する乗務員の激減で悲鳴をあげてゐる、乗務員の減少理由は近く実施の男子車掌の廃止と転業者続出のためで市交通局では乗務員待遇の改善、娘車掌の増強などに目下懸命の対策を講じてゐるが男子車掌に取つて代る女子車掌が夜の終車運転にまで乗込まねばならぬ日にそなへ市立西部共同宿泊所と兵庫公設食堂を女子車掌の寄宿舎および厚生施設として改装使用することになつた[35]

これは三月六日の「神戸新聞」に掲載された記事である。この時期、戦局はすでに悪化の一途をたどっていたが、サイパン島の失陥やB―29による北九州爆撃はもう少し先の話であって、軍需生産そのものは最高潮に達していた。

この記事は続けて「神戸市電の受持つ任務は今日では単なる「百万市民の足」から更に更に飛躍し朝夕の〝工員洪水〟の円滑な輸送から食料品の運搬[36]」と述べる。神戸には軍需産業が集中していた。市電を通勤に利用する工員が増加したため、また生活必需物資の運搬をも市電が引き受けたために、輸送業務が多忙化していたわけである。

にもかかわらず、神戸市電では乗務員が激減した。記事には「近く実施の男子車掌の廃止と転業者続出」とある。これは一九四三年（昭和十八年）九月二十三日に閣議決定された国内必勝勤労対策に基づく男子就業禁止十七職種に、高速度電車（最高時速五十キロ以上）の後部車掌を除く電車バスの車掌が入っていたことの影響である。男子就業禁止十七職種に含まれたせいで、十四歳以上四十歳未満の男性には、四四年（昭和十九年）五月十五日以降、市電の車掌を務めさせることができなくなったのである。

国家が男性労働力を軍需産業に振り向けようとしたため、運輸業に従事する男性労働者が減らされることになってしまったわけである。

すると、頼みは新規採用の女性車掌ということになる。しかし、若い労働力が軍需産業へと優先的に振り向けられていた時期にあっては、たとえ記事に書かれているように福利厚生施設を用意したとしても、男性車掌の抜けた穴を充足することは難しかっただろう。

そのような求人難と人手不足を受けて、神戸市交通局は新たな対策を打ち出した。それは、六月五日から自局の吏員を車掌として乗り込ませるというものだった。あらかじめ車掌教育を受けていた同局吏員の、「毎日三十名が交替で午前九時から午後四時まで挺身隊の腕章をつけさせ輸送第一線に出動、本職の車掌はラッシュアワーに集中配置[37]」することで人手不足を補おうとした。さらに続けて学徒勤労報国隊の神戸市立第一高等女学校の三年生二百五十人が、市電の補助車掌として出動することが決まった[38]。

しかし、人手が足りないのは車掌だけではなかった。それまでは男性でなければ務まらないとされていた運転手も不足していて、そのため市交通局では十人の女性車掌に対して七月二十一日から教習をおこない、「僅か五十余日、男子の教習期間よりも短い月日[39]」で養成して、九月十三日から運転手としての実務に就かせている。

神戸市電のこのような人手不足は、架線修理をめぐる状況にも表れていた。このころ市電の架線は資材不足や代用材使用のせいで故障や事故が頻発していた。しかし、専任の作業員だけでは修理が追い付かず、深夜の架線工事に市の吏員による奉仕隊を編成して、電気課職員の指導のもとで作業にあたらせることもおこなわれた[40]。

車掌不足は、交通局吏員を動員するだけではまかないきれなかったようである。九月に入ると神戸市は、交通局だけではなく、市庁の男女吏員合わせておよそ千人以上に車掌としての教習を受けさせ、補助車掌として動員できるようにした[41]。ほかに職をもつ者を挺身隊として動員するのであれば、男子就業禁止に抵触しなかったのだろう。また交通局は県や国民学校に折衝をおこない、国民学校高等科の女子生徒による学徒勤労報国隊総勢百八十人の割り当てを受け[42]、一カ月に満たない教習をおこなって十一月二十一日から補助車掌として乗務させた。また、結成されて間もない女子挺身隊からも、四十人の割り当てを受けたという(43)。

神戸市電はこの年、著しい求人難に見舞われ、交通局が単独かつ自力で労働力の抜けた穴を埋めることはできなかったのである。また、国内必勝勤労対策の影響によって欠けた労働力を埋め合わせるために勤労報国隊や女子挺身隊にまで頼った事実は、国家による労働力の供給調整が破綻しつつあったことを示しているだろう。何しろ、国策で欠けた労働力を別の国策で埋め合わせようとしたのだから。

西日本鉄道その他の動員状況

福岡県にあった九州電気軌道は、戦争の影響で不足した現業員の不足を補うべく、一九四〇年（昭和十五年）三月にまず補助車掌として女性の乗務を開始し、翌四一年（昭和十六年）六月二十一日に本車掌としての乗務を開始している(44)。

その後、一九四二年（昭和十七年）九月一日に福岡県内の鉄軌道五社が合併して西日本鉄道が発足した。西日本鉄道になってからも要員不足で女性従業員の採用は進められた。福岡支社（旧・福博電車）は四四年（昭和十九年）三月から市内線で女性運転手を採用し、また小倉支社（旧・九州電気軌道）では四四年九月七日に女性運転士が誕生した(45)。

ほかの社局と比較して西日本鉄道が特異だったのは、動員した中学生を高速電車の運転士として使用したことだろう。これは女性ではなく男性だが、動員学徒を運転士とした例は少数のため、特にあわせてここに記しておきたい。

これは大牟田線の運転士を充足させるためにおこなわれた措置である。一九四四年（昭和十九年）十一月十五日に、久留米市の南筑中学三年生から選ばれた五十人を二日市町にあった西鉄教習所に入所させて三カ月にわたる教育をおこない(46)、翌四五年（昭和二十年）二月二十一日から福岡―大牟田間の勤務に就けて、「学徒動員の新分

写真7　第2次世界戦争末期には動員学徒の車掌も現れた。名古屋市電の女子学生の腕章には市立第一高女勤労報告隊とある（市立第一高女は現在の菊里高校）（1944年）（提供：毎日新聞社）

野を開いた」[47]と報じられた。

西鉄の動員中学生の運転士は、大牟田線にとどまらなかった。福岡市内線は福岡県の中学修猷館の二、三年生五十八人に対して、七月初旬から勤務に就かせる予定で一九四五年に教習を開始した[48]。

神戸市電がおこなったのと同様の国民学校高等科の女子生徒動員は、西日本鉄道や大阪市電もおこなった。福岡市内線は、一九四五年六月上旬の時点で女子中央国民学校の二年生四十七人（おそらく高等科だろう）を教習中だった[49]。

中学生運転士を最初に登場させた大牟田線でも、動員女子生徒の車掌が乗務した。先に述べた南筑中学の生徒とともに久留米国民学校高等科女子二年生の五十人も教習を受け[50]、中学生運転士の乗務開始と同時に車掌として勤務を開始している[51]。

大阪市電気局は、十二校の高等科生徒三百二十人に対して五十日間の教習をおこない、一九四五年一月八日から乗務に就かせた[52]。乗務する時間は午前六時から午後六時でラッシュアワーにも対処しなければならず、そのため乗客に「無理乗り等」をしないよう呼びかけることになったという。

中学生運転士の登場や、国民学校高等科女子生徒を車掌としたことの背景には、一九四四年（昭和十八年）二月二十五日に閣議決定した「決戦非常措置要綱」と、同年七月十九日の文部省通牒「学徒勤労ノ徹底強化ニ関スル件」があった。前者は中等学校以上の生徒の通年動員を可能にすると同時に、同年四月十七日の文部省訓令「決戦非常措置要綱ニ基ク学徒勤労動員ニ関スル件」のもとになった。そして後者は「労務需給ノ情況ニ鑑ミ必要アルトキハ国民学校高等科児童ヲモ継続動員シ得ル」と定め、先述の国民学校高等科生徒の動員につながった。生徒たちは学校に在籍しながら同時に労務力の給源にされたわけだが、その扱いは「決戦非常措置要綱ニ基ク学徒勤労動員ニ関スル件」で、「学校ト職場生活ト修練トヲ相即一体タラシムル」という点から「我カ教学精神ノ決戦下ニ於ケル具体的顕現」にほかならないとされた。授業時間を削って仕事をさせることは、戦時下の日本で、文部行政上も矛盾がないように処理されていたわけである。

中学校や国民学校の生徒まで交通従事員として動員する。言い換えれば、大人たちの戦争のために子どもまでが働かされる状況は、まさに「決戦下」と表現された社会で総動員体制が具体化した姿だった。

国鉄・女子職員に投炭訓練

以上、各地の運転士採用の事例をみてきた。それでは国鉄はどうだったのか。結論をいえば、トラックの運転手になった女性はいたが、鉄道車両を運転する職種に採用された女性はいなかった。ただし、この点に関して不思議な写真が残されている。『日本国有鉄道百年史』第十巻に、「女子職員の投炭訓練」というキャプションが付いた写真が掲載されているのである。[53]

投炭訓練は、蒸気機関車の乗務員である機関助士がおこなうものである。国鉄の各機関区では、蒸気機関車の火室を模したものを作り、そこに規定時間内に規定の量の石炭を放り込む訓練がおこなわれていた。これは過酷な訓練であり、「上腕、背筋、腹筋、大腿筋のすべてに相当の負担がかかる重労働」[54]だった。この訓練を重ねさせることで日本の国鉄は機関助士に焚火技術をたたき込み、それによって効率よく石炭を燃焼させて燃料費の節約につなげていた。

つまり、投炭訓練は機関助士でないかぎり、不要なはずの訓練である。そして国鉄は、女性を機関助士には採用しなかったはずである。だとすれば「女子職員の投炭訓練」という写真は、本来であれば不要なはずの訓練風景を写したもの、ということになる。

その矛盾はどうやら、一九四四年（昭和十九年）六月の「新潟日報」に掲載された次の記事で解消することができそうだ。

> 最も激務とされる機関士や機関助士として女子が乗務出来るかどうか新鉄局ではこの程酒田機関区でその実験を行つて見た結果これも大丈夫だといふ目鼻がついた、実験はこの冬中同時に採用された十七才の少年機関庫内手三名と十九才、二十才の女炭水手の計六名でD五十一型機関車の模型により投炭訓練の資格競技を行つて見たもので、その結果は（略）一、二位と四位の成績が女子によつて占められたのである、だが（略）体力の点では矢張り女子が劣る事になるがこれも短区間の乗務ならば一向差支へなく充分耐へ得るものであり而も技量では女子の方が勝るといふ結論だつた[55]

新潟鉄道局は、女性を機関士・機関助士として乗務させることを検討したらしい。ただ、本省のレベルで、あるいは国鉄のほかの鉄道局でそのような動きがあったかはわからない。

結果としては、国鉄には女性の機関士・機関助士は登場しなかった。電車の運転士にも、国鉄は女性を採用していない。「それはなぜか」というのは難しい問題だが、機械操作を要する技術的な仕事から女性を遠ざける姿勢が影響したことは間違いない。

ところで、国鉄には姿を見せることがなかった機関士だが、専用線には、蒸気機関車を運転する女性が登場した。福島県の勿来炭礦は、一九四四年（昭和十九年）六月十二日から六人の養成を開始し、養成期間の二カ月を終えないうちに、鉱山と勿来駅の間五キロで運炭列車を走らせ始めた(56)という。国鉄で使用されていた制式機関車よりもかなり小型の車両ではあるが、それでも蒸気機関車であることに変わりはない。蒸気機関の機械操作をこなした女性が実際にいたことは確かなのである。

注

(1)「進出の女子鉄道員 車掌にも既に十五名」「信濃毎日新聞」一九四四年二月五日付
(2)「国鉄の女車掌さん 予讃線に初めて登場」「香川日日新聞」一九四四年四月三日付。なお三人の勤務開始は、翌四月四日付の「朝日新聞」（東京本社版）も「初の女車掌さん見参」と報じている。
(3)「列車に女子車掌 けふ名鉄局管内に登場」「中部日本新聞」一九四四年五月十日付
(4)「優しい物腰で検札 人気掠ふ女車掌第一日」「中部日本新聞」（市内版）一九四四年五月十一日付
(5)「女の車掌さん 秋田管理部で」「秋田魁新報」一九四四年三月二十一日付
(6)「国鉄に女の車掌さん」「読売報知」一九四四年五月二十五日付
(7)「車内に咲く花 気持ちよい女車掌さん」「秋田魁新報」一九四四年八月一日付
(8)「織手にふる 赤青の信号旗」「朝日新聞」（秋田版）一九四四年八月十五日付
(9)「津山線にも颯爽女車掌」「合同新聞」一九四四年六月四日付
(10)「決戦輸送に女性 自動車と電車に女運転手登場」「大分合同新聞」一九四四年九月二日付
(11)「女車掌さん登場 けふから諸富＝瀬高線に颯爽」「佐賀新聞」一九四四年十月一日付
(12)同記事
(13)前掲「決戦輸送に女性 自動車と電車に女運転手登場」
(14)「女車掌さん登場 車内もすっかり明朗」「新潟日報」一九四四年八月十一日付

(15)「今度は車掌と踏切番 男子の就業制限禁止」「中部日本新聞」一九四四年五月十六日付
(16)「駅長さん忽ち助役へ けふは国鉄正服姿で挨拶廻り」「信濃毎日新聞」一九四三年八月一日付
(17)「女車掌さん一人立ち あすから省電にお目見得」「読売報知新聞」一九四四年七月一日付
(18)「嫌だった仕事も今では一人前に 好評嘖々の列車手嬢」「朝日新聞」(東京本社版)一九四四年七月二十九日付。なお記事タイトルに「列車手」とあるが、職種としては「車掌」が正しい。
(19)「〝颯爽たり女車掌さん〟京成電車へ初の出陣」「読売新聞」(千葉版)一九四三年十月九日付
(20)前掲「列車に女子車掌 けふ名鉄局管内に登場」
(21)「昭和15年国勢調査」職業(小分類)、年令(5才階級)および男女別有業者数(銃後人口)—全国(https://www.e-stat.go.jp/stat-search/file-download?statInfId=000007914302&fileKind=2)[二〇二三年四月十四日アクセス]
(22)同国勢調査
(23)「颯爽・秋風を截る女運転士」「朝日新聞」(三重版)一九四三年九月二十二日付
(24)佐藤ゆかり「研究ノート 女性日本初の高速度運転士は三重の女性たち」「三重の女性史研究会会誌」第三号、三重の女性史研究会、二〇二二年、八八—八九ページ
(25)「座談会・勤労女性に訊く」「輸送戦線」一九四三年十一月号、陸運協力会、八ページ
(26)「男の職場へ躍進 蒲原鉄道で女運転手養成」「新潟日報」一九四三年十一月二十三日付
(27)「さようなら私の蒲原鉄道〈一〉」「新潟日報」(下越版)一九九九年九月二十八日付
(28)前掲「決戦輸送に女性 自動車と電車に女運転手登場」
(29)「女の運転手さん登場」「朝日新聞」(東京本社版)一九四四年八月十五日付
(30)「担ふ決戦輸送 叡電に女運転手」「京都新聞」一九四四年八月二十五日付
(31)「東武、地下鉄に乙女運転士さん」「読売報知」一九四四年十月八日付
(32)前掲「東武、地下鉄に乙女運転士さん」
(33)「市電と市バス 颯爽と近く女運転手さん」「京都新聞」一九四四年十二月十八日付

(34) 前掲『京阪百年のあゆみ』一五三ページ
(35) 「娘車掌に寄宿舎」「神戸新聞」一九四四年三月六日付
(36) 同記事
(37) 「吏員の車掌さん 来月五日から切符を切ります」「神戸新聞」一九四四年五月二十七日付
(38) 「女学生車掌 決戦輸送だちかく登場」「神戸新聞」一九四四年六月三日付
(39) 「けふから市電に女運転手 全課程を終つてきのふ晴の卒業式」「神戸新聞」一九四四年九月十三日付
(40) 「深夜の市電架線工事に素人工 市吏員が勤労奉仕で」「神戸新聞」一九四四年九月十四日付
(41) 「本庁員も市電車掌勉強」「神戸新聞」一九四四年九月七日付
(42) 「可愛いオカッパ車掌さん 市民輸送の第一線に愈々出陣です」「神戸新聞」一九四四年十月二十七日付
(43) 「市電は全部女手で 挺身隊やオカッパ車掌の登場」「神戸新聞」一九四四年十一月十八日付
(44) 西日本鉄道株式会社100年史編纂委員会編『西日本鉄道百年史』西日本鉄道、二〇〇八年、九三ページ
(45) 同書一〇七ページ
(46) 「急行電車に学徒の援兵」「西日本新聞」一九四四年十一月九日付
(47) 「学徒運転手 愈々けふ登場」「朝日新聞」(福岡版)一九四五年二月二十一日付
(48) 「西鉄福岡市内城南線の循環線乗り入れ あす運転を開始」「西日本新聞」一九四五年六月七日付
(49) 同記事
(50) 「急行電車へ学徒運転者 車掌さんに女子学童隊」「西日本新聞」一九四五年二月十七日付
(51) 「西鉄高速電車 学徒だけで運転」「西日本新聞」一九四五年二月二十日付
(52) 「私あすから車掌さん 大阪市電に女子学童が乗務」「大阪新聞」一九四五年一月七日付
(53) 日本国有鉄道『日本国有鉄道百年史』第十巻、日本国有鉄道、一九七三年、六二ページ
(54) 椎橋俊之『SL機関士の太平洋戦争』(筑摩選書)、筑摩書房、二〇一三年、三四ページ
(55) 「有望な女機関士 新鉄局の資格試験に折紙」「新潟日報」一九四四年六月七日付

(56)「女運転手さん ヤマに登場」「読売報知新聞」一九四四年七月一日付

コラム　鉄道教習所の授業内容

筆者の手もとに、「女子駅務科学科目及毎週教授時数竝ニ教授要目」（一九四三年）という題名の、謄写版印刷の文書がある。鉄道教習所の女子駅務科で、どのような科目を週に何時間授業するのかを記したもので、表紙には「要員局錬成課」とあるから、当時の鉄道省要員局が作成したものだろう。ただし、文書の後半部分は名古屋鉄道教習所（名古屋鉄道の教習所ではなく、国鉄の名古屋にあった鉄道教習所である）に関わる書類がとじてあるから、要員局錬成課が作成した前半部分に続けて、名古屋鉄道教習所の関係者が関連する書類をとじたものだろう。

そのようなわけで、この冊子には、中央で計画したと思われる授業時数案と、名古屋鉄道教習所で作成した実施時数の両方が載っている。ともに別表に起こしたが、「実習」が名古屋では削除されたかわりに総時間が四十二時と二時増になっているほかは、大きな違いはない。鉄道教習所の駅務科では、これだけのことを二カ月にわたって学ばせ、駅員を養成していたのである。なお名古屋鉄道教習所は、名古屋のほかに静岡、敦賀、金沢、甲府にも教室をもっていて、職員の養成にあたっていた。

これらの科目のなかで最も多く時間が割かれたのは、「旅客」である。これは旅客運送や乗車券制度、運賃制度に関わる科目だが、鉄道の駅務として最も重要なものであり、それだけに週に十二時から十四時が割かれていた。

続いて多いのは「珠算」と「運輸帳票」。前者は迅速かつ正確な計算をするために必要な技能であり、後者は乗車券簿や各種の日報・月報などの取り扱い方と記入方法について学ぶものである。出札掛はさまざま

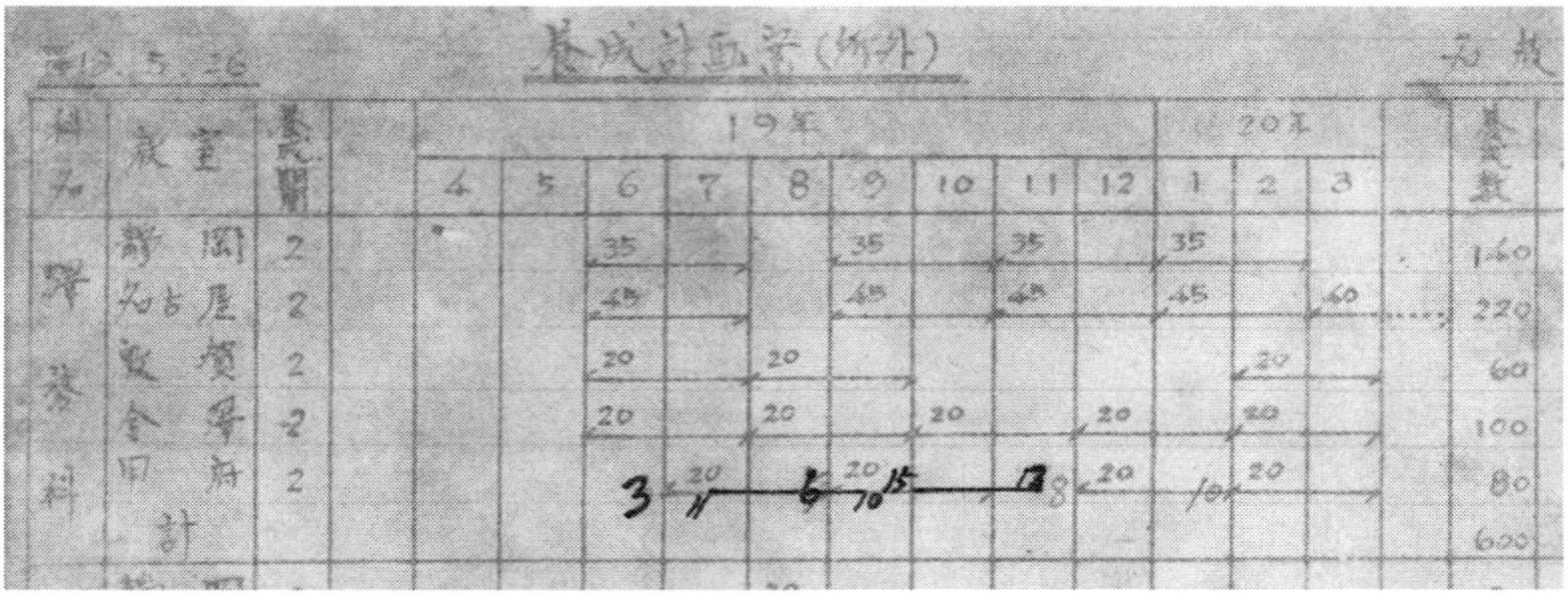

写真8　要員局錬成課「女子駅務科学科目及毎週教授時数竝ニ教授要目」要員局錬成課、1943年（筆者蔵）

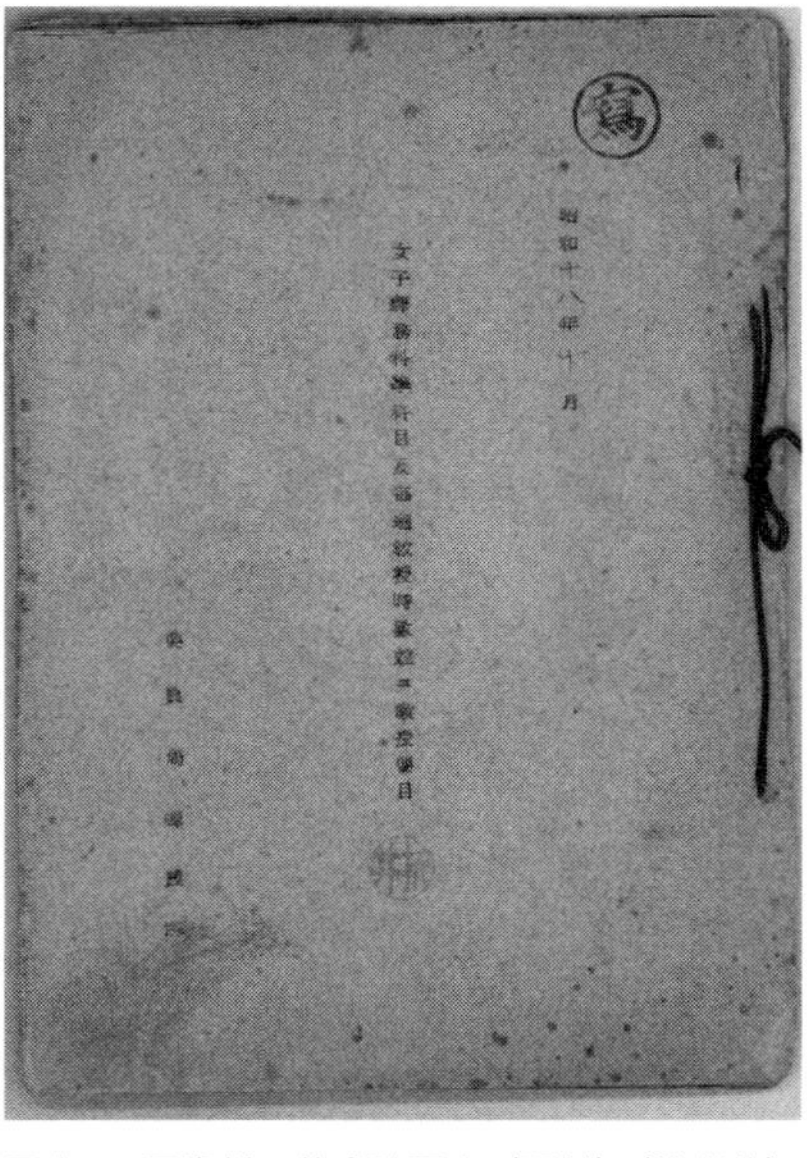

写真9　同資料の養成計画案（所外）（筆者蔵）

な帳票を扱う必要があり、それだけ多くの時間を教育で割く必要があったのだろう。

だが、授業時数が少ないからといって、その科目の重要度が低いとはいいきれない。「体操及教練」には、「女子心身ノ発達特ニ母タルノ将来ヲ顧慮シ鍛錬擁護ヲ一体トシ不断ノ修練ニ依リ心身錬成ノ全キヲ期スベシ」[1]という注意が記してある。日本の女性が母たることを強く求められた時代にあっては、鉄道教習所さえも、そうした教育方針をとったわけである。

続けて「修身」の内容もみてみよう。「天壌無窮ノ神勅」「教育ニ関スル勅語」「鉄道開通式ニ際シ賜ハリタル勅語」「鉄道五十年祝典ニ際シ賜ハリタル勅語」の四つが示され、「特ニ意ヲ用ヒ其ノ旨趣ヲ明ニシテ聖旨ヲ奉体セシムベシ」と記されている。[2] 神勅や聖訓は天皇を中心とする超国家主義的な歴史観にとって必要なものであり、なかでも「天壌無窮ノ神勅」は、国土の支配と天皇制の永続（万古不易の国体）の根源をなす、欠かすことができないものだった。また「修身」では国体や家についても取り上げていて、前者は国体の精華、忠孝一本、敬神崇礼、そして後者では皇国の家、祭祀と敬老、家における母といった内容を教えることになっている。このように「修身」で教えられたのは、天皇を父にたとえる家族的な国家観、天孫降臨からの国家や家の連続性を重視した内容だった。そして教育上の注意点として「国体及皇国ノ使命ニ対スル不動ノ信念ト熱意トヲ以テ指導に当ル[3]」とされていた。これらは鉄道業務と一体どんな関係があるのかと思うが、国有鉄道だからいわば天皇の鉄道であり、その職員は、天皇の鉄道員と考えられていたと解するよりほかにない。

このような国家観は一九三五年（昭和十年）の天皇機関説事件のなかで政府が国体明徴宣言を出して以来顕著になったものである。そして三七年（昭和十二年）に始まった日中戦争下、国民を戦時体制に全面的に協力させることを目的として開始された国民精神総動員運動を機として、思想教化に向けた国家の取り組みはいよいよ活発になった。それ以後、国体観念がますます重要視されてきていたのである。

表11　女子駅務科授業時数（計画案？）

学科名	週当たり時数
修身	2
珠算	6
地理	2
鉄道一般	4
旅客	12
運輸帳票	5
経理	1
実習	4
体操及教練	2
修練	2
計	40

（出典：前掲「女子駅務科学科目及毎週教授時数竝ニ教授要目」をもとに筆者作成）

表12　名古屋鉄道教習所女子駅務科授業時数

学科名	週当たり時数
修身	2
珠算	6
地理	2
鉄道一般	4
旅客	14
運輸帳票	6
経理	2
体操教練	3
修練	3
計	42

（出典：同資料をもとに筆者作成）

この潮流に流されたのは国鉄の鉄道教習所も例外ではない。というよりも、国有鉄道であったためになおのこと、戦争遂行を支える輸送機関に働く者として、超国家主義的な観念をもつことが求められただろう。戦時下に国鉄に入った女性職員もまた、そうした国家観に職業教育を通じてからめ取られようとしていたのである。

注

(1) 要員局錬成課「女子駅務科学科目及毎週教授時数竝ニ教授要目」要員局錬成課、一九四三年、一八ページ
(2) 同資料三ページ
(3) 同資料三ページ

第8章　敗戦から現代へ

1　戦時下の過酷な就労状況

女性の鉄道職員の仕事には、過酷なものがあった。当時の鉄道の仕事はそもそも男性であっても過酷だったはずなのだが、しかし、そのような仕事の厳しさが今日顧みられることは少ないようである。

次に示すのは、一九四五年冬の高田駅の光景である。冬の豪雪地帯での駅の仕事は、ことほど厳しいものだった。

女管駅〔女子管理駅のこと：引用者注〕となつた高田駅の大きな課題は女子が如何に男子に代り決戦輸送の大任を果すかにあり、就中冬季白魔に挑む彼女等の活動には杞憂を抱かれてをり、これがために高田駅では軍隊式の内務班を組織し常時訓練に励んだが白魔襲来と共にこの練磨の実は見事に発揮され男子に代り立派に

決戦輸送の大任を果してゐる、以下は女子転轍員の関頭の記録である

正午頃氷点下一度だつた気温はぐんぐん下降し始め三十分間に三十糎の雪が尖端軌条の上に積つた、シヤベルで掻き払つても白く積る、これでよしと思ふとたん七、八米の風が吹き捲くり二尺位の吹雪溜りが出現、軌条に取附けた電熱融雪器は雪の下で徒らに喘ぐのみだ、息もつかせぬ労働の連続だ、夜と共に気温は愈よ降つて深夜には氷点下四度となる、機関車が軌条へ押しつけて行く雪は砂や貨車から滴る塩分で氷と化し叩く位では砕けぬスクリツパーで力一杯砕き転轍器の自由を確保せねば脱線顛覆事故を惹起する、一分間の休憩もなく吹雪と寒気と睡魔と戦はねばならぬ只「守る」の粘り一つで戦ひ、輸送に支障なきを期すのみである[1]

もちろんこの記事は、労働の厳しさを伝えるためのルポではなく、ましてその厳しさを告発するためのものでもない。それどころか声高に叫ぶ筆致は明らかに、職場の奮闘ぶりを戦意の高揚につなげようと意図するものだ。むしろ、戦意高揚を促す必要があったからこそ、冬の駅の厳しい労働を素材として選んだのだろう。描き出し方は感情的であり、戦意高揚を目的としていることに留意して読む必要がある。だが、書いてある仕事の内容そのものには嘘はないと思われる。

駅の業務がこのようなものであるならば、列車の乗務はどうだろうか。

一九四四年（昭和十九年）から四八年にかけて国鉄飯田線の辰野―天竜峡間で電車の運転士を務めていた竹内滋一は戦後、当時の仕事を振り返り、ともに働いていた女性車掌について次のように書いている。

数多い駅員無配置駅で女子車掌は機敏に走って乗客から切符を受取り、白い手袋をまっすぐに上げて、笛を吹き発車合図を送った。

つぎの停車駅の駅名案内も、辰野や天竜峡での乗継案内も、それこそ乗客の視線を浴びながら、臆せず、きちんとやった。(2)

飯田線はいくつかの私鉄を買収して成立した路線であり、数多くあった駅のうちには、この記述にあるように、当時の国鉄としては異例な駅員無配置駅、つまり無人駅も少なくなかった。そのため同線に乗務していた女性車掌たちは、本来なら駅がおこなう出改札も受け持ち、駅員無配置の駅に着くたびに電車三両分（当時の飯田線の最長編成は、電車三両だった）の距離を機敏に駆け回り、集札や出札の業務に携わっていたのである。もちろん雨が降ろうと風が吹こうと業務の内容に変わりはないから、ことに悪天候の日などは相当に厳しい仕事だったろうと思われる。また、たとえ無人駅でなくても、身を乗り出して安全を確認しなければいけなかったのが車掌の業務である。やはりそこには、天候との闘いがあったろう。

2　大戦末期の労働環境

彼女たちは、どのような労働環境のもとで日々勤務したのだろうか。その一端をうかがわせるルポが、一九四四年十月四日付の「朝日新聞」に掲載されている。

鉄道従事員といってもその職種はさまざまであり、駅に限ってみても出札、改札、荷扱い関係、信号や転轍など多岐にわたるが、当該記事はそのなかから改札業務を取り上げて、次のように記す。

帝都の表玄関、大東亜の玄関口として女子勤務ぶりでも全国を代表する東京駅の改札の少女輸送戦士はどんな生活をしてゐるかを見よう、これが全鉄道の女子の姿だ、こゝは改札だけで男が二十六人、女が五十人、八時改札事務室で点呼訓示が済むと乗車口、降車口、中央口、八重洲口、精算所へ数人宛出動する、鋏を入れる者も切符を受取る者も三十分交代で、受け取つた切符は整理をし、片道、往復、特殊切符の数を調べて報告する、(略) 乗車口では混雑時には一分間八十三人の乗車券を切る、定期券を見る、降車口ではもつと殺到する客の定期券をみ、切符を受けとる、夜十時以後は一時間半交代、冬なら吹きさらし、夏なら蒸し暑い人気のない改札口に立つ、山陽線が遅れる昨今では毎晩のやうに真夜中まで寝ずに改札をする、急行券の払戻しをする(3)

記事はこのように彼女たちの働きぶりを伝え、続けて仮眠用の寝室やトイレ、更衣室がどのようなものか読者に報告する。

かつて出札口だつた小部屋の二階物置の二階、事務所の机の上、これだ、二階へは屋根へ上るやうな防訓用の梯子で登り、全然陽の当らぬ埃と黴の臭いの充満した六畳程の部屋が約三時間の貴重な睡眠をとる場所だ、(略) 深夜こゝから作業衣に着かへ、梯子を降り半町程離れた客用共同便所へ通ふ専用便所は何処吹く風、冬の苦しさはどうだらう、更衣室は全然なし(4)

女子の大量採用を実施していながら、その半面、仮眠室どころかトイレさえも満足な設備がなかったことがわかる。女性職員が急激に増員されたので、間に合わなかったのだろう。

しかし国鉄は、これまでにみてきたように、出札など事務系統で少数ながらも女性を継続的に採用してきた。それにもかかわらずこの時期の東京駅でさえ更衣室やトイレなどの設備が十分でなかったことは、国鉄が、女性を採用しながらもそのための設備を長いことおろそかにしてきたことを示している。国鉄が従事員の労働環境に無関心であることが、女性の大量採用によって大戦末期に図らずも露呈したといえるだろう。

以上みてきたように劣悪な労働環境のもとで過酷な労働に服した女性職員を、男性はどのようにみてきたのだろうか。

3　男性記者が捉えた女性職員像

女性の国鉄への就職を、制服への憧れから、あるいは徴用逃れを目的とするものと決めつけ、また、大量の女性職員を採用したせいで職員の資質が悪くなったかのように書いたものを、ままみることがある。たとえば鉄道記者の青木槐三は、敗戦から十年を経た一九五五年に刊行された著書で往時を回想して次のように書いている。


女子鉄道員はスマートな制服が貸与されて、それが彼女等の憧れの的であった。その服を着たいためだけで、鉄道に奉職を志望したのが多かった。上衣は背広型で白い襟をつけるようになっておりスカートがついていた。紅地の動輪のマークを胸に、帽子はセルの丸型の小イキなものであった。

駅長助役以外は皆女子職員の駅もあった。高田、戸倉、岩田村などがそれだった。彼女等はポイントも返し車掌もやり、重労働にも潑剌として服した。だが、一般に年端もいかない彼女等の執務は、出札、改札では大衆には威張って不親切きわまると評判が悪かった。事実その傾向があった。一寸何かいうとプンと横を向くといった風で、これらの女子の教育には教習所が当っていたが苦労したものだ。

（略）

この十万の女子職員は、地方では躾けのよい農家出身の人が多数を占めたが、女子とてもどしどし職のない者は軍需工場に徴用された時代とて、争って鉄道に就職した。

東京では江東地区の出身がかなり多かったが、中にはのみ屋の女中、カフェーの女給出身もあった。事務系統の女子職員には芸妓さえ就職を希望した。その素質は低いものがあった。(5)

当時の過酷な状況や労働環境の悪さにふれることなく、女性職員の不親切な接客態度を問題視している。これでは彼女たちも報われないだろう。乗客の態度にも問題があったことは、これまでにみてきたとおりである。またここでは、あたかも制服に憧れて就職した者が多かったように書いている。このように、女性の応募や退職の主要な理由として、服装の良し悪しを挙げた人物は国鉄内部にもいた。大戦末期に尾久検車区で清掃助役だった阿部政男は「都合の悪いことに、駅に勤めると立派な制服が貸与されるのに清掃には作業服だけである。環境が悪いうえに待遇も悪いのだから職場に落ちつかない(6)」と、検車区の女性職員について書いている。駅のような制服が貸与されないから、人員の定着率が低かったといっているのである。

先ほどみたような職務の厳しさを思うとき、はたして青木が書いたように、制服への憧れだけで国鉄を志望し就職しえたのだろうか。一九四三年（昭和十八年）以降は労務統制が厳しさを増し、職業間の移動は国家によって大きく制約を受けていた。転職は、思うようにはできなかったはずである。たとえ制服に魅力を感じようとも、好き嫌いだけで職が選べたとは思えない。

当事者が置かれた実際の状況は、どのようなものだったのだろうか。

4　ある高等女学校生の体験

長野県野沢高等女学校四年生だった出嶋素子は、一九四四年（昭和十九年）から学徒勤労動員によって名古屋陸軍造兵廠鷹来製造所で働いていた。そして四五年、卒業を控えた出嶋は、次のようにして卒業後の進路を決定したという。


三月の卒業も迫った鷹来の生活で、わたしたちは次の六つの中からのそれぞれの選択を迫られた。

上級学校進学・専攻科進級・農業要員・家庭要員・鉄道要員・女子挺身隊
この六つの中からわたしの選べるのは、専攻科と鉄道要員と女子挺身隊である。

最後の女子挺身隊としてここにはどうしても残りたくないとしたら、専攻科と鉄道要員しかない。専攻科に入るには、私の成績はスレスレだし、ましてや作業態度や操行（お行儀）、修身（道徳）よろしからずといったプラスアルファを考えると、自信がなかった（こういう科目にも点数がつけられて、平均点に影響した）。鉄道要員の方が教師になるより月給が五円高いし、どうしようかな、と迷っているうちに、一人一人がS先生に呼ばれて、将来の方針を聞かれた。（略）暗い寮の部屋で、罪人のごとく先生と向き合ったわたしに、S先生は、

「篠原の希望は？」

――ああ、プラスアルファはマイナスに働く。とっさに、

「鉄道要員です」

「そうか」

それだけである。これは相談ではなくて、なんだったのでしょう。(7)

成績上の悩みからより上級への進学は不可能と考えた出嶋の前には、鉄道要員になるか、さもなくば女子挺身隊として軍需工場で働く道しか残されていなかったのである。当時としては比較的高度な教育を受けられた階層に属する高等女学校の生徒でさえ、このように、選択肢がきわめて限られていた。中等教育の修了を間近に控えた世代に、卒業後の将来がそもそも開けていなかった時代だったのである。

だとすれば、青木が「素質は低い」と書いた「のみ屋の女中、カフェーの女給出身」者や「芸妓」は、なおのこと選択肢が限られていたのかもしれない。ことによると、国鉄に入る以外に道がなかったということも考えられるだろう。

出嶋の声に、もう少し耳を傾けてみよう。彼女は国鉄に就職したあとのことについて、次のように語っている。

わたしは小海線佐久穂積駅に勤務が決まった。駅長以下一二〜三人の小さな駅だったが、旧制中学卒の制式職員として、席次は五番目だった。出札、改札の責任者となって偉かったはずなのに、身長一五七センチ、体重三八・五キロのわたしに貸与された制服は、ブカブカでお義理にもりっぱとはいえなかった。

それから五か月。敗戦を迎えて、鉄道の職場は、戦場から戻った男の人々でふくれあがった。居心地の悪くなったわたしは、半年あまりで退職した。

人手の足りない戦時中は、鉄道要員として募集しておいて、人出が余ってくると、出て行けがしの態度をとる。

戦前は、女工だ、職業婦人だと軽べつして、戦争中は、産業戦士、勤労報国隊ともち上げられ、戦後は再び家庭に帰れということになる。

働く者には変わりはないのに、まったくあちらさんは勝手だなあと思った。(8)


青木たち男性の書き手が「彼女等の憧れの的」と書いた制服を、出嶋はにべもなく「ブカブカでお義理にもりっぱとはいえなかった」と記す。何しろ大戦末期で物資が不足していた時期の、お仕着せの仕事着である。体に合わない制服で過ごした者も少なくなかっただろう。とても制服に憧れるどころの話ではなかったはずである。制服を制定したのも、憧れの的だったと書き残したのも、すべて男性である。実のところ彼女たちの制服姿に魅力を感じていたのは、彼女たちを働かせる側の男性たちではなかっただろうか。出嶋が「勝手だなあ」と思った「あちらさん」は国鉄であり同時に、国鉄も含めた男性中心社会であるようだ。

5　敗戦を機とする女性の減員

女性鉄道員の増員は、敗戦を機に止まる。関東地方を例に取れば、月に数回も新聞に掲載された国鉄の求人広告も、敗戦以降は一切みられなくなる。増員が止まっただけではない。女性職員の大幅な減員が開始された。まさしく、手のひらを返すような変化だった。

敗戦後の新聞記事から、女性の減員に関わるものをいくつか拾い上げてみよう。

女子職員については事務能率や体力の上で種々問題はあるが、職に留ることを希望する者も多く戦争中男に劣らぬ功績を上げた者も相当あるので、終戦直後自由勤務制としてもなほ職場に留まる女子達を当分そのまゝ使用し、新規採用をせず自然減員を俟つとともに是非女子でなければならぬ職種―交換手、タイピスト、清掃手駅手出札の一部等にだんだんに振り向けることになる、相当な好成績だつた女車掌も、非難の的となつた改札もやがては男子に代へられる(9)

これは東京の例だが、ここからは、女性の新規採用をやめて配置転換などをすることで、男性職員の居場所の確保が図られたことがわかる。

長野管理部では全職員の約五%に上る六百卅名を十一月一日付で「依願免職」の形式を採つて一斉に退職させる、この対象となつたものは復員職員に当然椅子をゆづらねばならぬ徴用のがれのため一時的に鉄道に入つてゐた生活不安のない百五十名の女子職員をはじめ(10)

長野では、「徴用のがれ」と決めつけられた人々を含めて、依願免職をおこなうという形をとった。「依願」とはいっても、事実上の強制である。また、復員で帰還する男性職員に持ち場を明け渡すことも当然視されている。

新鉄局新津管理部では終戦による男子職員の配置につき種々討議中のところ労力不足からやむなく女子職員をもつて代行させてゐた各中間駅の転轍手をまづ男子に切替へることになつた、しかしこれら復員並に新任者の中にはまだ〳〵基準作業が呑込めず遺憾の点が多いので（略）徹底的な訓練を実施、運転業務の強化刷新を図る(11)

新潟では、復員者だけでなく、新任の者を入れてまで職員を男性に切り替えたことを報じている。しかも女性職員のそれまでの位置づけを、あからさまに男性の「代行」としている。報道もここに至って隠しだてをしなくなった。

戦後間もなくの国鉄は、日本の各地でこのように女性職員を対象とする減員を実施した。その際には、配置転換だろうと鉄道側の都合による退職だろうと「依願」ということにした。その際に、当事者たちの希望がどれだけ受け入れられたかは、記事をみるかぎりでは不明である。だが、復員してきた男性職員を再配置するだけでなく、男性の新任者採用までおこなった背景には、積極的に女性を男性職員に転換しようという当局の強い意思が感じられる。仮に女性職員が残留を希望したり配置転換を拒絶したりしても、多くの場合は受け入れられなかったのではないだろうか。

先にみた出嶋素子の手記には、「戦場から戻った男の人々でふくれあがった」職場に「居心地の悪くなったわたしは、半年あまりで退職した」とある。ことによると、あえて居心地を悪くさせられた、ということもあるのではないか。だとすれば、職場の席次がそれほど低くなかった者に対してさえ、退職への追い込みがあったことになる。

一九四六年二月、漫画家の松下井知夫は東京の中野電車車掌区を取材して、「戦時中には此の混乱の中に女子職員が、戦帽に顋紐かけて、形だけは凜々しく健気であつたが、お白粉崩れの顔に眉を八の字にして泣き乍ら客に揉まれてゐる姿は可哀相であつた。その車掌区にも復員でドッと元気な青年が戻つて来た[12]」と書いた。女性車掌の姿を揶揄しながらのリポートだが、ここから、国鉄電車（当時の言葉でいえば省線電車）の女性車掌が、敗戦の翌年早々には職場から姿を消していたことがわかる。

一九八五年八月、「毎日新聞」は東京車掌区に所属していた女性職員のその後を追跡調査した[13]。二期生四十四人のうち、消息がつかめたのは二十人。さらにそのうち、電話交換手や労務課など配置転換によってしばらく国鉄や運輸省（当時の国鉄は運輸省の現業機関だった）に残れたのは五人だった。敗戦後の人員整理の大規模なさまが、ここからもうかがえる。

私鉄でも事情は大同小異だった。高速電車の運転士になった者も車掌になった者も、戦時体制下で鉄道に入った女性職員の多くが、バスや一部の社局を除いて、その職場から去ることになった。一例を挙げれば、第7章でもふれた京成電鉄の女性運転士は、一九四八年を最後にその職から去ることになった。[14]

一九四八年、経済学者の島恭彦は次のように書いた。

交通業に於ける女子労働の比重は著しく固定的で戦前戦後にかけて一〇%内外のところに止まつている。併しこの安定の仕方も交通業の内部では様々であつて、乗合自動車業、逓信業に於ては三〇%から四〇%の相当高い比重で安定している。これは前者に於いては車掌、後者に於ては交換手の如き女子労働の独占的分野が確立されているからである。国鉄の女子労働はこれに反し昭和十七年以前までは平均二・五%という低い比率で固定していた。更に太平洋戦争初期までをとつても国鉄は女子労働の進出に対して相当強い抵抗を示している。戦争末期に於ける女子労働の増大（昭和二十年七月二四・二%）は男子労働力の急激な欠乏に対する一時的応急策に過ぎず、従つて戦後再び旧状に復帰しようとしている。[15]

戦時下に表向きだけ動いたかにみえたジェンダーの壁は、こうして押し戻され始めたのである。

だが、女性職員の存在を脅かしたのは、国鉄内部の動きばかりではなかった。一般社会にも、女性に鉄道の仕事は不向きだとする見方があった。次に、医学者だった吉岡弥生の主張をみておきたい。

6　吉岡弥生の主張の転変

一九四六年九月十四日、労働基準法の生理休暇制定に向けた公聴会で、医学博士であり東京女子医科大学の創立者でもあった吉岡弥生は、次のような発言をした。

電車、汽車に女は好まない——やめさせたらどうか。
生理休暇は困る、つけ上る。障害がある者は病人だ、選手は困る、普段の病人は特別だ。——殊に事務系統[16]

吉岡は、生理休暇不要論を述べる際に、鉄道の仕事にふれ、鉄軌道の乗務は女性に不向きだからやめさせるべきだと述べたのである。なおこのときは、同席していた赤松常子が、吉岡のこの発言に対して、生理休暇は必要だと反論している[17]。

ここで注意しなければならないのは、吉岡がかつて、「月経時の摂生」と題して、月経があるときの注意について次のように記していたことである。「この月経時には、感冒にも罹り易く、腸胃などの病気も惹起し易いことから、特に注意をせねばならぬのであります[18]」として、月経時には体をいたわるべきだと説き、また職業をもつ女性に対して、次のように注意を促した。

学生とか、職業を持つ婦人の如きは、学校や、勤め先を休むことは出来ませんでせうが、月経のある期間、即ち五日間や七日間は、なるべく勉強と労働を控目にするのが宜しいのであります[19]。

吉岡がこれを書いたのは、一九三〇年（昭和五年）のことである。その三年後、婦人参政権運動などに名を連ねたガントレット恒子は、女性が職業をもつことに賛成しながらも次のように書いている。

男女は生理的に各々異つた役目を有つ点から、体力に相違はあります、其故女子が男子と全然同様な職業に就くか否かは矢張大に考慮を要します、職業の選択に於て是非此点は考へねばなりますまい、電車やバスの車掌のやうな荒い仕事は決して女子には適した仕事とは考へられません。[20]

恒子は、男女間には体力差があるから、車掌の仕事には女性は不向きだと考えたのである。こうした考え方がまだ根強かった時代に、吉岡は女性に、働くことを前提とした助言をしていたのである。

また結婚についても、「職業ある婦人の結婚」と題して、吉岡は次のように述べている。

婦人の職業は、益々範囲を拡大して参りました。欧米の状況を見ますと今日では殆ど婦人で遣れない職業はない位になりました。我国でも年々歳々婦人の職業は、範囲が拡まつて来ますが、さて夫等の婦人は、如何なる家庭に縁付いたら良いかと申しますに、私は婦人と同じ職業を有する人に嫁したら好いと考へます。日本では婦人の職業に対して同情少く、甚だしきは之を嫌ふ人さへ尠くないから、何うしても同職業の人と、結婚するに限るのであります。[21]

働く女性に対する偏見が根強くあることを踏まえて、結婚相手としては仕事に理解ある人を選んだほうがいいと述べている。

女性がさまざまな職業に就くことを吉岡は否定せず、保健や衛生上の注意を女性たちに与えていたのだった。また、アジア太平洋戦争のさなかにあって、吉岡が次のように記していたことも忘れてはならないだろう。

今後男子と云ふ男子は尽く応召され、又、たとへ国内に居つても軍事関係の重工業等に専ら携はらなければならない時機が来る事を予想して、平時に於ける国内の仕事即ち農業、工業、漁業、交通事業、会社、銀行等あらゆる男のしてゐた総べての事に女性がとつて替らねばならなくなる事を覚悟しなければなりません。[22]

勇敢な婦人たちは前線で、勇士たちと共に戦つてをり、銃後においては工場や鉱山に、農村に、あらゆる事業場に、出征した男性たちのあとをついで、懸命の努力をつゞけてをります、若し、婦人を一層動員するために、婦人が必要とする施設を或程度まで行ふならば、婦人たちは恐らく一人残らずが、産業その他に動員され得るでせう。日本の婦人に関するかぎり、この重大時期に国家の要請を拒むものは一人もをるまいと私は信じて疑ひません。[23]

さまざまな職業・職種（むろん交通業も含めて）に女性が進出することを求める国家的要請を吉岡は肯定し、一層の動員に対しても、その「要請を拒むものは一人もをるまいと私は信じて疑」わないと述べている。その吉岡が戦後、生理休暇の制定に反対するばかりでなく、女性が鉄軌道の乗務員でありつづけることを否定したのである。同席していた者たちの驚きが想像される。

吉岡は、生理に不順をきたすほどの過酷な労働からは女性を引き離すべきだと考えるようになっていたのかもしれない。だがそれにしても、以前の立場とあまりにもかけ離れたことを主張しているように思われる。とはいえ、当時の社会一般の論調を視野に入れれば、吉岡の豹変ぶりも理解できるのかもしれない。何しろ戦時中は鉄軌道に働く女性を「輸送戦士」といって持ち上げていたマスコミが、戦後は一転して退職させるべき冗員のように扱ったのだから。言い換えれば、吉岡の発言は、戦後間もなくの社会を映し出していたかのようでもある。

7　女性職員が減少した戦後の状況

女性鉄道職員を職場から追う契機は戦後、三度あった。

まず一度目は、これまでみてきたように、敗戦そのものである。戦争終結とポツダム宣言受諾によって軍隊は解散し、大勢の復員兵が生じた。そのうちから、出征していた元職員を含めて、膨大な数の男性を国鉄は吸収した。多くの女性職員が、それと入れ替わるように退職させられていった。これは戦時中から「男子の代替」と位置づけられていたためだった。つまり、敗戦を機として代替する必要がなくなった、というわけである。

二度目は、一九四七年の労働基準法の制定である。同法の施行によって女性労働者の時間外労働が制限され、午後十時から午前五時までの深夜労働も原則として禁止された。そのため業務時間が深夜帯にもわたる駅や運転関係では、女性職員の使用が難しくなったのである。看護師（当時の呼称では看護婦）のように、この深夜労働禁止の例外になった職種もないではなかったが、国鉄も含めて、鉄軌道事業は例外と認められなかった。

三度目は、一九四九年の行政整理である。アメリカ政府がＧＨＱ（連合国軍総司令部）を通して日本政府に命じた経済九原則（財政均衡、徴税強化、融資制限、賃金安定、物価統制、貿易・為替の管理、輸出振興、生産増強、食糧供出促進）とそれに基づくドッジ・ラインの実施は、行政機関職員定員法の制定と、それにともなう国公職員約十七万人の解雇をもたらした。公社体制に移行する国鉄も対象とされ、およそ九万五千人の大量解雇が実施されたのである。

その解雇対象のなかに、配置転換に応じない者や未熟練労働者に加えて「女子」が挙げられていて[24]、女性が、ジェンダーに基づく差別的な扱いを受けていたことは確かである。国鉄労働組合は国鉄行政整理反対闘争を展開したが、闘争のさなかに起きた下山事件（下山定則国鉄総裁が失踪し、轢死体で発見されたもの）、松川事件（東北本線松川駅付近で列車が妨害によって脱線転覆させられた事件）、三鷹事件（中央線三鷹駅構内の無人電車暴走事件）で労働組合員や共産党員の関与が疑われたことの影響もあり、当局が機先を制するように人員整理は強行された。

とはいえ、女性職員がまったくいなくなったわけではない。国鉄では戦後、電話交換手や看護師、バス車掌など一部の職種に限って女性の新規採用が続けられた。全体からみれば戦前期よりもきわめて少数であり、かつ職種も大きく制限された。しかも、たとえば事務職は二カ月契約の臨時雇用員[25]とされるなど、きわめて差別的な待遇を強いられたのだった。

一九五四年に、労働省は『職種別等賃金実態調査個人別賃金調査結果報告書』（労働省大臣官房労働統計調査部）を発行した。その膨大なデータのうち鉄道業の職種をみると、調査対象として男女ともに挙げているのは「事務職員」だけで、あとは「バス車掌」が女性だけ、そしてほかの職種はすべて男性だけである。もちろん実際には、そのころ鉄道の現場から女性がまったくいなくなったわけではない。しかし職員全体からみるときわめて少数になり、社会的にその存在がみえにくくなっていた。

それでも、たとえば千葉県の東金と上総片貝を結んでいた九十九里鉄道（一九六一年に廃止）のように、女性車掌が存在しつづけた鉄道もある[26]。また、企業の合理化によってほかの部署から鉄道に配置されるという例もあった。一九六〇年代から七〇年代にバスのワンマン化が急激に進行した際には、自動車に残れなかった女性のバス車掌を同系会社の鉄道に配置転換する例がみられた。正木鞆彦は、東武鉄道の事例を、東武交通労働組合の文集から見いだしてレポートしている。それによれば、七〇年代後半ごろの東武鉄道では、バスから配置転換された女性が電車の車内改札や駅務に従事したという[27]。

8　そして現代は

その後、一九八五年に制定され八六年四月一日から施行された男女雇用機会均等法によって、募集や採用そして職場の配置について、性別を理由とした差別が禁止された。また、女性の深夜労働禁止は九九年四月一日施行の改正労働基準法で撤廃され、深夜時間帯にまたがる業務から女性を排する理由もなくなった。このため、鉄道の運転士や車掌に再び女性が採用されることになった。

しかし、女性鉄道員をめぐる問題がすべて解決したわけではない。

一つには、差別待遇撤廃の名を借りた労働強化のおそれがある。二〇〇三年初頭の時点で東武鉄道には女性の駅業務者が三十八人いたが、そのなかには、かつてバス車掌から配置転換で鉄道の駅にきた女性も少なくなかった。彼女たちは八時間十五分の日勤だったが、会社側は、「男女雇用機会均等法の立法趣旨に反するとの指摘がなされるおそれがある」という理由で、二十四時間にわたる一昼夜勤務の実施を提案したという(28)。個人の希望を反映させられる選択肢を設けるのであればとにかく、このような一律な労働強化につながる動きには警戒が必要だろう。

利用者など第三者から向けられる視線にも問題がある。インターネットで検索してみると、「かわいい」という形容詞を冠した女性鉄道員の動画がいくつもヒットする。あるいは、そうした形容詞がかぶせられていなくても、断りもなしに撮影されたと思われるものが少なくない。

一九四五年六月二十八日、学校を挙げて信州に疎開していた山田風太郎は、飯田駅で見かけた改札掛の女性について、「駅の切符切の少女、外人めきたる美少女にて笑めば歯美し。学生を見ればおどおどと恥ずかしげなる

写真10　信号灯を手にした踏切保安員。宮城県の仙北鉄道で（1957年）（提供：毎日新聞社）

が面白く、みな大いに色めき立つ[29]」と日記に書いた。

このような、女性の鉄道員を男性の視点から愛玩物のように見なす姿勢が、現在でも社会に存在するのである。ぜひとも改めるべきだろう。

また「女性の感性[30]」という言葉に表れているような、本質主義的な見方にいまなおさらされていることにも注意を向ける必要がある。人為的に作られた性差を強調することは、ジェンダーフリーに向けた取り組みが要求されるこれからの社会にはなじまないはずである。戦前から繰り返されてきた、女性であることで何かしらの特性を有しているかのような言説には、今後も注意をしていかなければならない。

数年前、インターネットのニュースサイトに、女性鉄道従事員の次のような声が載った。「女性運転士や車掌の大半は鉄道好きでもなんでもないのですが、鉄オタ女子だと思って話し掛けてくるマニアがいるんです。それだけならまだいいですが、わざと細かすぎる質問をぶつけてきて、わからないと勝ち誇ったような顔をして『勉強不足だよ、キミ』みたいなことを言うヤツらは本当にウザい！[31]」という。おそらくこの種のことは、男性の鉄道職員は経験しないことだろう。だとすれば、鉄道ファンもまた、相手が女性であるか男性であるかによってその態度を使い分けて、女性にはあえていやがらせをしていることになる。

一九四四年（昭和十九年）春に羽越本線鶴岡駅で勤務していた当時十六歳の佐藤美枝子は往時を回想して、「女子は二〇名ぐらい働いていた。列車内の清掃、ポイントの切換えなど、何でもやらされた。酒田の保線区に行き石炭積みをしたときは顔が真黒になったが、自ら志願した仕事だからつらいとは思わなかった。だがホームに立ち、メガホンで列車の発着を乗客に伝えるとき、同じ年ごろの男子学生がはやしたてるので、大声を張りあげるのが恥ずかしかった[32]」といっている。周囲のまなざしのせいで働きにくくなっている点では、昔と今とでそう大きな違いはないのである。

二〇二〇年三月十四日に開業した京浜東北線の高輪ゲートウェイ駅に、人工知能を用いた案内機（ＡＩサイネージ）二台が試行導入された。案内機のモニターには、一台は男性、もう一台は女性のキャラクターが映し出され、利用客の質問に答えるようになっている。取材した記者は、そのうち男性のキャラクターにはまじめだという印象を抱いたが、女性キャラクターのほうは、次に述べるような造形がなされていると書く。

女性タイプはアニメキャラクターで会話の最中に髪の毛を触る仕草をするなど、かなり凝った作りだ。（略）年齢、住所、職業なども質問すると答えてくれる。会話に夢中になって後ろに行列ができたりしないかと心配になるほどのレベルだ。(33)

この光景は、応接そのものの商品化に加えて、鉄道事業とは関係がないプライバシーについてまで応答することを女性に求める状況が、相変わらず続いていることを示している（実際には、男性キャラクターもプライバシーについて回答するようになっていたらしいが、ここに引用した記事の執筆者は、そこには注目しなかったようである）。もちろんこれは生身の人間ではなく機械相手ではあるが、人間の手によって女性を自動化したところ、「会話の最中に髪の毛を触る仕草をする」ことは「女性らしい」ふるまいだと我々が内面化してしまっている現実が図らずも露呈してしまったわけである。ここには、それによって偏見を助長しかねないという問題もある。こうしたジェンダーバイアスを正していかなければ、当事者の働きにくさを今後も温存することになるだろう。

企業の努力が必要なことはいうまでもないが、もし社会が働きにくさを増幅させているのだとしたら、そのような社会もまた、変わらなければならないだろう。女性鉄道員をめぐる問題は過去だけでなく今日の問題でもあり、また未来に向けて考え直していかなければならない問題なのである。

注

（1）「吹雪と闘ふ 女子駅員の転轍作業」「新潟日報」一九四五年一月七日付

（2）竹内滋一「デハ120型電車と女子車掌」、車輛工学社編「車輛工学」一九七九年十一月号、車輛工学社、一八ページ

（3）「輸送戦線に挺進する女性たち 影もない厚生施設」「朝日新聞」（東京本社版）一九四四年十月四日付。なおここに記した労働環境についてほぼ同様の内容が、「こうして働かされた女性たちの労働条件が、どんなにみじめなものであったかを、わたくしたちは忘れることはできません」という前置きとともに、日本婦人団体連合会編『婦人のあゆみ八十年』（新読書社、一九六〇年）五二―五三ページに記されている。おそらく同じ新聞記事を参考にしたものと思われる。敗戦から十五年というまだ記憶に新しい時期なので、「みじめなもの」という記述は実感をもって読者に共有されただろう。

（4）前掲「輸送戦線に挺進する女性たち 影もない厚生施設」

（5）青木槐三『嵐の中の鉄路』交通協力会、一九五五年、一五二―一五三ページ

（6）阿部政男「終戦前後の検車区」「鉄道ピクトリアル」一九六五年八月号、鉄道図書刊行会、二二一ページ

（7）出嶋素子「ほめられなかった一六歳の記録」、山室静編『16歳の兵器工場――長野県野沢高女勤労動員の手記』所収、太平出版社、一九七五年、二七ページ

（8）同書二八ページ

（9）「国鉄、要員を減少 女車掌もやがて男に」「朝日新聞」（東京本社版）一九四五年九月二十八日付

（10）「六百名を一斉整理」「信濃毎日新聞」一九四五年十月三十一日付

（11）「女子転轍手を男子に切替へ」「新潟日報」一九四五年十一月八日付

（12）松下井知夫「箱入息子」「鉄道文化」第四巻第二号、交通協力会、一九四六年、二一ページ

（13）「戦後それから 国鉄女車掌 4年間の〝乙女リリーフ〟」「毎日新聞」（東京本社版）一九八五年八月十日付

(14)白土貞夫「京成の女性運転士第一号 高石喜美子さんに空襲下の運転の想い出を聞く」「鉄道ピクトリアル」二〇〇七年三月臨時増刊号、鉄道図書刊行会、二〇八ページ
(15)島恭彦「国鉄労働の分析――運輸調査局「交通労働論」」、京都大学経済学会編「経済論叢」第六十二巻第六号、京都大学経済学会、一九四八年、三九ページ
(16)渡辺章編集代表『労働基準法〔昭和22年〕(2)』(「日本立法資料全集」第五十二巻)、信山社出版、一九九八年、五九一ページ
(17)堀川祐里『戦時期日本の働く女たち――ジェンダー平等な労働環境を目指して』晃洋書房、二〇二二年、一六九―一七〇ページ
(18)吉岡弥生『増補新版 安産と育児』丁未出版社、一九三〇年、九ページ
(19)同書一〇ページ
(20)ガントレット恒子「婦人と職業」「職業指導」一九三三年一月号、大日本職業指導協会、五八ページ
(21)前掲『増補新版 安産と育児』一四三ページ
(22)吉岡弥生『女性の出発』至玄社、一九四一年、一一ページ
(23)吉岡弥生『婦人に与ふ』報道出版社、一九四三年、二三八―二三九ページ
(24)国鉄労働組合「なぜ首切に反対するのか」国鉄労働組合、一九四九年(国立国会図書館浅沼稲次郎関係文書、一九七八年)
(25)和田弘子『もうひとつの国鉄闘争――非正規差別、女性差別と闘って』三一書房、二〇一三年、二〇七ページ
(26)「ローカル電車と女車掌さん」、婦人生活社編「婦人生活」一九六〇年六月号、婦人生活社
(27)前掲『バス車掌の時代』三六〇―三六二ページ
(28)「女性に24時間勤務提案 東武鉄道「均等」どころか働く権利奪われる」「しんぶん赤旗」二〇〇三年一月九日付
(29)山田風太郎『新装版 戦中派不戦日記』(講談社文庫)、講談社、二〇〇二年、三一三ページ
(30)この言葉は、いくつかの会社のウェブサイトでもみることができる。たとえばＪＲ東日本は、採用情報に関するペ

ージ「女性の活躍推進」と題した女性職員の対談中に、「女性の感性や視点を活かせる仕事が多いのも魅力のひとつ。」という小見出しを入れている。「WOMAN 女性の躍進」「ＪＲ東日本」(https://www.jreast.co.jp/recruit/career/special/woman/theme02.html)［二〇二三年三月二十六日アクセス］

(31)「20代〝女性〟電車運転士の悩み「鉄道マニアの対応がつらい」」二〇一七年三月五日「日刊ＳＰＡ!」(https://nikkan-spa.jp/1262546)［二〇二三年三月三十日アクセス］

(32) 山形県、山形県女性の歩み編纂委員会編著『時を紡ぐやまがたの女性たち――山形県の女性の歩み』みちのく書房、一九九五年、二四七ページ

(33) 大坂直樹「ＡＩ女子駅員が大活躍「高輪ゲートウェイ」の衝撃――駅名表示を明朝体にしたのは「あの人」だった」二〇二〇年三月十六日「東洋経済 ONLINE」(https://toyokeizai.net/articles/-/336547)［二〇二〇年三月十六日アクセス］

［著者略歴］
若林 宣（わかばやし とおる）
1967年、千葉県生まれ
歴史・乗り物ライター。航空機、船舶、鉄道などから太平洋戦争を読み解く乗り物ファン
著書に『B－29の昭和史――爆撃機と空襲をめぐる日本の近現代』（筑摩書房）、『帝国日本の交通網――つながらなかった大東亜共栄圏』（青弓社）、『日本を動かした50の乗り物――幕末から昭和まで』（原書房）、『戦う広告――雑誌広告に見るアジア太平洋戦争』（小学館）など

女子《じょし》鉄道員《てつどういん》と日本近代《にほんきんだい》

発行――――2023年12月21日　第1刷
定価――――2400円＋税
著者――――若林 宣
発行者―――矢野未知生
発行所―――株式会社青弓社
〒162-0801 東京都新宿区山吹町337
電話 03-3268-0381（代）
http://www.seikyusha.co.jp
印刷所―――三松堂
製本所―――三松堂

ISBN978-4-7872-2102-5　C0021

若林 宣

帝国日本の交通網

つながらなかった大東亜共栄圏

日本帝国を盟主として企図した大東亜共栄圏、その鉄道と海運・港湾、航空の交通網はズタズタで、兵站・物資流通は確保できないままだった。膨大な史料から、台湾・朝鮮などの植民地と東南アジアの実態を描く。 定価2000円＋税

枝久保達也

戦時下の地下鉄

新橋駅幻のホームと帝都高速度交通営団

東京・新橋駅の幻のホームという「神話」が誕生した東京地下鉄道と東京高速鉄道の対立と抗争――それが遠因になって設立された帝都高速度交通営団と戦争の関係を掘り起こし、地下鉄史の15年間の空白を埋める。 定価2000円＋税

佐々木陽子

戦時下女学生の軍事教練

女子通信手と「身体の兵士化」

総動員体制下、高等女学校生に課せられた軍事教練の実態を聞き取り調査から描き、女性の身体を「兵士化」するありよう、軍属として情報通信業務に従事した女子通信手の任務内容も明らかにし、動員の内実を解明。定価3400円＋税

富田昭次

船旅の文化誌

憧れの西欧を目指した洋行の時代を小説やエッセー、絵はがきや旅行パンフレットなどから紹介し、異国文化への憧憬と交流、華やかな出港と苦難の道中、長期間の船上生活を再現。140点の図版が旅情をかき立てる。 定価2000円＋税

逆井聡人

〈焼跡〉の戦後空間論

焼跡や闇市を表象する小説や映画、批評を検証することを通して、私たちがもつ戦後日本という歴史認識や国土イメージをあぶり出す。「冷戦期日本」という歴史認識へのパラダイムシフトを提起する挑発的な日本論。定価3400円＋税